Claudio Ponce

LA ESTRATEGIA DEL PENTÁGONO

Marketing turístico: un método para transformar pueblos y ciudades
en destinos únicos, sostenibles y memorables

CLAUDIO PONCE

LA ESTRATEGIA DEL PENTÁGONO

Marketing turístico: un método para transformar pueblos y ciudades en destinos únicos, sostenibles y memorables

bubok
EDITORIAL

© Claudio Ponce
© La estrategia del pentágono

Junio, 2025

ISBN Libro en papel: 978-84-685-8784-4
ISBN Ebook en ePub: 978-84-685-8783-7

Depósito legal: M-9535-2025
SafeCreative: 2504031355743

Editado por Bubok Publishing S.L.
equipo@bubok.com
Tel: 912904490
Paseo de las Delicias, 23
28045 Madrid

Contenido

9

Prólogo

El turismo, más que una industria, es un motor de transformación. A lo largo de las últimas décadas, hemos sido testigos de su capacidad para redefinir economías, moldear ciudades y conectar culturas. Sin embargo, el futuro que se vislumbra ante nosotros exige algo más que tradición y solidez; exige innovación, estrategia y un nuevo paradigma que nos permita no solo adaptarnos, sino liderar la evolución del sector.

Vivimos en una era en la que la tecnología ha dejado de ser un complemento para convertirse en el eje central del desarrollo turístico. La **inteligencia artificial** (en adelante, IA), **la automatización y el *big data*** están revolucionando la manera en la que gestionamos destinos, diseñamos experiencias y nos relacionamos con los viajeros. La capacidad de predecir tendencias, personalizar ofertas y optimizar recursos a través de la tecnología ya no es una ventaja, sino una necesidad.

Es en este contexto donde *La estrategia del pentágono* cobra una relevancia extraordinaria. Esta obra no solo presenta un modelo innovador basado en cinco variables clave (Marca, Atracciones, Servicios, Infraestructuras y Comunicación), sino que ofrece una visión estructurada y aplicable que permitirá a los destinos no solo competir en el escenario global, sino hacerlo con identidad, equilibrio y sostenibilidad.

Canarias ha sido históricamente un referente turístico. Nuestras islas han sabido atraer visitantes de todo el mundo gracias a su riqueza natural, su clima privilegiado y su hospitalidad. Pero sabemos que el éxito del pasado no garantiza el del futuro. La evolución del turismo exige reinventarnos constantemente, aprovechando las herramientas que la tecnología y la innovación ponen a nuestra disposición. Debemos ser pioneros en el uso de IA para la gestión eficiente de flujos turísticos, en el desarrollo de experiencias inmersivas con realidad aumentada, y en la creación de estrategias de comunicación que nos permitan posicionarnos con más fuerza en los mercados emergentes.

Pero el verdadero reto no está solo en la innovación tecnológica, el reto está en el equilibrio. En una época en la que el turismo de masas pone en jaque la sostenibilidad de muchos destinos, el modelo de *La estrategia del pentágono* nos recuerda que el crecimiento debe ser gestionado con inteligencia, con una planificación que no solo priorice el desarrollo económico, sino que también proteja el patrimonio cultural, el entorno y la calidad de vida de quienes habitan en los destinos turísticos.

Este libro no es una teoría abstracta. Es un manual de transformación real. Su aplicación en territorios como Canarias puede marcar la diferencia entre gestionar el futuro o simplemente reaccionar ante él. La metodología aquí expuesta ofrece a gestores públicos y privados herramientas concretas para afrontar los desafíos del turismo con una visión estratégica.

El mundo cambia a una velocidad vertiginosa, y el turismo no es ajeno a ello. Aquellos destinos que entiendan que la combinación entre **tecnología, planificación y equilibrio** es la clave del éxito, serán los que dominen la próxima era del turismo. Canarias tiene la oportunidad de estar a la vanguardia de esta transformación. Y con modelos como el que presenta esta obra, estamos un paso más cerca de lograrlo.

JESSICA DE LEÓN
CONSEJERA DE TURISMO DEL GOBIERNO DE CANARIAS

Introducción

Un nuevo paradigma del marketing turístico

El turismo no es solo una actividad económica que une culturas, revitaliza comunidades y da vida a historias únicas en cada rincón del mundo. Desde los pequeños pueblos rurales hasta las grandes ciudades cosmopolitas, cada destino tiene una identidad que merece ser descubierta, protegida y compartida.

La estrategia del pentágono nace como una metodología innovadora que aborda los desafíos y oportunidades del turismo desde un enfoque integral. Este modelo reúne cinco variables esenciales para el éxito turístico: Marca, Atracciones, Servicios, Infraestructuras y Comunicación. Al equilibrarlas, cualquier destino puede alcanzar su máximo potencial, generando un impacto positivo, tangible y duradero.

A lo largo de este libro, exploraremos cómo esta estrategia transforma destinos tan diversos como Morille, un pequeño pueblo con un patrimonio cultural único; Tánger, una vibrante ciudad en la intersección de continentes; y casos emblemáticos de Canarias, como los desafíos y oportunidades de Puerto del Rosario en Fuerteventura. También se analizarán ejemplos de España y del mundo, como la reinvención de Albarracín o el desarrollo de modelos sostenibles en Islandia, mostrando cómo esta metodología puede adaptarse a contextos diversos y necesidades específicas.

Este libro presenta el modelo de la estrategia del pentágono y lo complementa con ejercicios prácticos, claves y tips concretos diseñados para facilitar su implementación. Estas herramientas convierten la teoría en acción, permitiendo que gestores turísticos, emprendedores y autoridades locales puedan adaptar y aplicar esta metodología a sus propios contextos. Cada capítulo combina análisis detallados con pasos claros para llevar las estrategias a la práctica, reforzando así el carácter accesible y transformador de la obra.

La estrategia del pentágono se centra en las cifras o las atracciones turísticas y propone un cambio estructural que abarca múltiples dimensiones, logrando beneficios como:

- **Sostenibilidad y preservación cultural:** respetar la identidad local y proteger los recursos naturales y culturales, creando experiencias auténticas y sostenibles.

- **Crecimiento económico:** incrementar el número de visitantes, su gasto promedio y las oportunidades laborales en cada destino.

- **Modernización sin perder la esencia:** incorporar tecnología, IA y estrategias narrativas para aumentar la competitividad global.

- **Fortalecimiento de la comunidad:** mejorar la calidad de vida local y atraer a nuevos residentes, fomentando la innovación y la diversificación económica.

- **Proyección internacional:** posicionar destinos en mercados clave, generando reconocimiento y lealtad entre los visitantes.

Lo que hace único a este modelo es su universalidad. Un pequeño pueblo puede utilizarlo para proyectar su identidad al mundo, mientras que una gran ciudad puede apoyarse en él para gestionar su crecimiento de manera equilibrada. Los ejemplos prácticos trabajados en este libro ilustran cómo la estrategia del pentágono puede convertir desafíos en oportunidades, demostrando que no importa el tamaño ni el perfil del destino: siempre hay espacio para crecer.

Este libro no es solo una guía metodológica, es una invitación a replantear el turismo como un catalizador de cambio y progreso. En estas páginas encontrará análisis detallados, herramientas prácticas, ejercicios y tips que muestran cómo un enfoque estratégico puede transformar destinos y comunidades.

Porque cada lugar tiene una historia que contar, y cada historia tiene el poder de cambiar vidas. La estrategia del pentágono es el vehículo para que esas historias alcancen el mundo.

▶ **PRIMERA PARTE**

La estrategia del pentágono

La clave para el desarrollo de un turismo sostenible

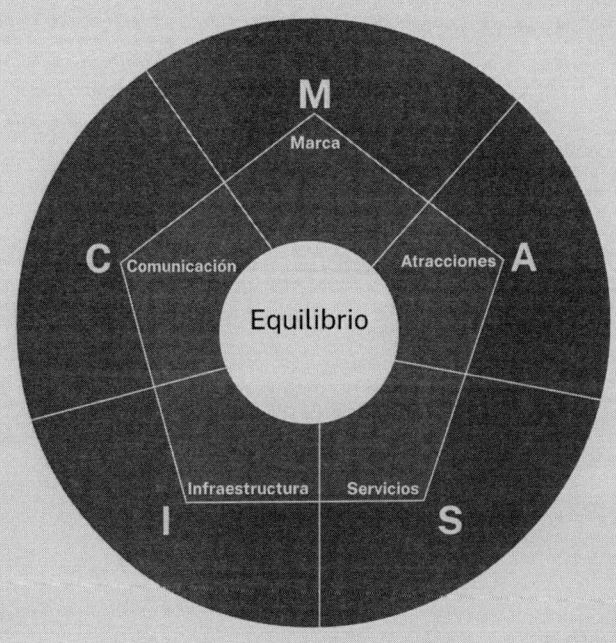

1. El pentágono

Comprendiendo el modelo

1.1. Las variables estructurales del pentágono
1.2. El ciclo de viaje del turista y la comunicación estratégica
1.3. Tips claves del capítulo: las variables estructurales del pentágono
1.4. Ejercicio práctico: evaluación del equilibrio de las variables

---

1.1. Las variables estructurales del pentágono

Introducción: una visión de transformación

Imagine un pueblo con calles adoquinadas que parecen susurrar historias del pasado, o una ciudad pequeña donde la naturaleza y la cultura se entrelazan en perfecta armonía. Estas joyas ocultas, con su potencial intacto, pueden convertirse en destinos vibrantes y sostenibles. Este libro es su guía para hacer realidad esa visión.

La estrategia del pentágono es un modelo integral que utiliza cinco pilares fundamentales: Marca, Atracciones, Servicios, Infraestructuras y Comunicación. Esta figura geométrica es una metáfora de equilibrio, sostenibilidad y éxito. Cada variable representa un lado del pentágono, y su conexión asegura que el desarrollo turístico sea rentable y además respetuoso con la identidad, la cultura y el medio ambiente del lugar.

El pentágono estratégico

Cada lado del pentágono representa una variable esencial que actúa como cimiento del desarrollo turístico. Estas variables trabajan en sinergia para construir destinos sólidos, sostenibles y memorables:

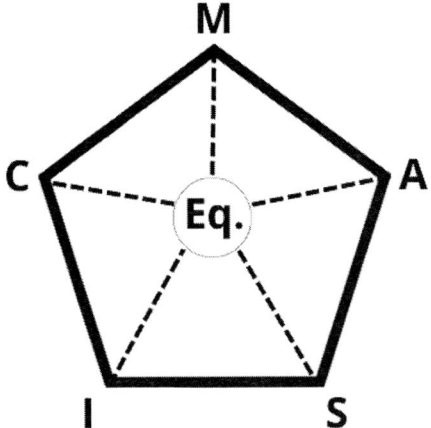

1. **M: Marca o valor de marca**

2. **A: Atracciones primarias o secundarias**

3. **S: Servicios**

4. **I: Infraestructuras**

5. **C: Comunicación**

A través de este modelo se identifican fortalezas, carencias y oportunidades que permiten trazar estrategias claras y efectivas. Es más que una metodología, es una brújula que guía destinos hacia un futuro lleno de posibilidades.

M: Marca–la identidad del destino

La marca es el alma de cualquier destino turístico. Va mucho más allá de un logotipo o un eslogan; encapsula la esencia, los valores y las experiencias únicas que un lugar puede ofrecer. Es la primera impresión que queda en la mente del visitante y el hilo conductor que los conecta emocionalmente con el destino.

Crear una marca turística no consiste solo en diseñar algo visualmente atractivo, sino en definir y proyectar una identidad auténtica que resuene en cada interacción con el visitante. Desde el paisaje hasta las personas, cada detalle contribuye a la percepción de la marca.

- **Ejemplo:** Setenil de las Bodegas, Cádiz. Este singular pueblo andaluz ha creado una marca en torno a sus casas construidas bajo enormes rocas, integrando naturaleza y arquitectura de manera única. Su identidad destaca por ofrecer una experiencia auténtica de la vida rural en Andalucía, complementada con su gastronomía local, como los embutidos caseros y el aceite de oliva. Setenil ha sabido transmitir una imagen de autenticidad y encanto a través de su promoción en redes sociales y de la narrativa que resalta su carácter único.

Claves para una marca exitosa

1. **Autenticidad: reflejar la verdadera esencia del destino**

Una marca efectiva debe ser genuina y mostrar lo que hace único al lugar. Cuando los turistas perciben que un destino es auténtico, la experiencia se vuelve más memorable y significativa.

- **Ejemplo:** en Setenil de las Bodegas, su autenticidad radica en la convivencia natural entre sus casas y las formaciones rocosas. Esta característica arquitectónica, combinada con las tradiciones culinarias locales, crea una identidad única que no puede encontrarse en ningún otro lugar.

- **Otros ejemplos:** la Riviera Maya, que posiciona sus playas y la cultura maya como elementos clave de su autenticidad.

2. **Consistencia: mantener coherencia en todos los puntos de contacto**

La marca debe ser consistente en todos los aspectos de la experiencia turística: desde los materiales promocionales hasta la interacción con el visitante. Cada elemento debe reforzar la identidad del destino.

- **Ejemplo:** en Setenil, la coherencia se refleja en la promoción de su gastronomía, historia y arquitectura como una experiencia integral.

Desde los folletos turísticos hasta los eventos locales, la narrativa del destino es clara y atractiva.

- **Otros ejemplos:** Pisa, Italia, utiliza su torre inclinada como punto de anclaje para promover su patrimonio cultural y gastronómico.

3. **Conexión emocional: crear historias que resuenen con los visitantes**

Una marca memorable establece una conexión emocional con los visitantes. Las historias y experiencias únicas son el puente que transforma un destino en una vivencia inolvidable.

- **Ejemplo:** Setenil de las Bodegas conecta emocionalmente al narrar cómo sus habitantes han vivido durante generaciones bajo las rocas, adaptándose a su entorno. Estas historias, compartidas en visitas guiadas o mediante materiales audiovisuales, permiten a los visitantes sumergirse en la identidad única del pueblo.

- **Otros ejemplos:** el *Oktoberfest* de Múnich, que vincula tradición y modernidad, generando un vínculo emocional profundo.

21

La marca no es un elemento superficial, es el núcleo de la identidad de un destino. Cuando se construye con autenticidad, consistencia y una conexión emocional profunda, atrae a visitantes y los convierte en embajadores que regresan y comparten sus experiencias. En un mundo lleno de opciones, una marca fuerte y genuina es lo que permite a un destino destacar y permanecer en la mente de quienes lo descubren.

A: Atracciones–el alma del destino

Las atracciones son los motores que generan curiosidad y emocionan a los viajeros. Una atracción principal poderosa, complementada por una red de atracciones secundarias, define el atractivo del destino y la calidad de la experiencia.

- **Ejemplo:** Garachico, Tenerife. Este pequeño municipio combina atracciones principales como su casco histórico (con iglesias coloniales y calles adoquinadas) y la emblemática piscina natural de El Caletón, con atracciones secundarias como festividades tradicionales (la fiesta del embarque de San Roque) y rutas culturales que exploran su pasado volcánico.

Este enfoque muestra cómo un destino pequeño puede equilibrar atracciones principales y secundarias para prolongar la estancia de los visitantes, adaptándose a diferentes perfiles turísticos.

Claves de las atracciones

1. **Principales: elementos emblemáticos que motivan la visita inicial**

Los elementos principales son aquellos que generan la primera motivación para visitar un destino. Suelen ser icónicos, impactantes y únicos, convirtiéndose en la tarjeta de presentación del lugar.

- **Ejemplo:** en Garachico, Tenerife, las piscinas naturales de El Caletón son un atractivo inicial por su singularidad. Formadas por lava volcánica, estas piscinas combinan belleza natural con un entorno histórico que capta la atención de turistas locales e internacionales.

- **Otros ejemplos:** la Alhambra en Granada o el viaducto de Millau en Francia.

2. **Secundarias: complementan la experiencia y prolongan la estancia**

Las atracciones secundarias enriquecen la visita inicial, ofreciendo actividades o lugares que extienden la experiencia del turista, aumentando su tiempo de permanencia en el destino.

- **Ejemplo:** en Garachico, estas incluyen paseos por su casco histórico, con calles adoquinadas y casas coloniales; visitas al convento de San Francisco, un testimonio de su historia religiosa y cultural; y la participación en festividades como la fiesta del embarque de San Roque, que combina tradición, religión y comunidad local.

- **Otros ejemplos:** los baños árabes tradicionales y las rutas por el Albaicín en Granada, o los pequeños museos locales de Edimburgo.

3. Narrativa: enriquecer las atracciones con historias que conecten con la cultura local

La narrativa es el puente que conecta al visitante con la esencia del lugar. Contar historias auténticas sobre las atracciones genera una conexión emocional y permite al turista experimentar el destino desde una perspectiva más profunda.

- **Ejemplo:** en Garachico, el pasado volcánico del volcán Trevejo en 1706, que transformó el paisaje y la historia del pueblo, es una narrativa poderosa. Integrar esta historia en las visitas, mediante guías o experiencias inmersivas, refuerza el vínculo emocional del turista con el destino.

- **Otros ejemplos:** las leyendas de los fantasmas de Edimburgo, o las historias de los antiguos reyes nazaríes en la Alhambra.

Este enfoque integrado muestra cómo combinar atracciones principales y secundarias con una narrativa enriquecedora puede transformar un destino turístico en una experiencia memorable y única, adaptándose a cualquier escala o contexto cultural.

23

S: Servicios–la experiencia del visitante

Los servicios son el puente entre el atractivo del destino y la experiencia del visitante. Cada interacción, desde la calidad de un alojamiento hasta la atención en un restaurante, contribuye a construir la percepción del viajero sobre el destino. Los servicios deben cumplir expectativas y además superarlas, convirtiendo cada visita en una experiencia memorable.

La capacidad de un destino para ofrecer servicios excepcionales está directamente relacionada con su éxito a largo plazo. Los visitantes valoran tanto los aspectos tangibles (la comodidad de un hotel, por ejemplo) como los intangibles (por ejemplo, el trato personalizado que reciben).

- **Ejemplo:** Calaceite, Teruel. Este pequeño municipio de la comarca del Matarraña ha sabido convertir sus alojamientos rurales, restaurantes locales y servicios turísticos en una experiencia integral para el visitante. Ofrece hospedajes *boutique* en antiguas casas de piedra restauradas, experiencias culinarias que destacan productos locales como el aceite de oliva y el vino, y actividades como rutas guiadas por el casco histórico o senderismo en sus alrededores naturales. En Calaceite, los servicios están diseñados para combinar calidad, autenticidad y sostenibilidad, creando un equilibrio perfecto entre lo tradicional y lo moderno.

Claves para potenciar los servicios

1. **Calidad: altos estándares en todas las interacciones**

Cada punto de contacto con el visitante debe ser impecable, desde la limpieza y confort de los alojamientos hasta la atención al cliente en los restaurantes. Un servicio de alta calidad deja una impresión positiva y genera fidelidad.

- **Ejemplo:** en Calaceite, los alojamientos rurales ofrecen instalaciones cómodas y una decoración que respeta la arquitectura tradicional de la zona, haciendo que cada estancia sea una inmersión en la cultura local.

2. **Diversidad: adaptar servicios a diferentes tipos de visitantes**

Los destinos deben ofrecer opciones que se adapten a distintos perfiles de turistas: familias, parejas, viajeros en solitario o grupos. Esto asegura que cada visitante encuentre una experiencia acorde a sus necesidades.

- **Ejemplo:** Calaceite ofrece desde alojamientos íntimos para parejas hasta actividades en grupo, como catas de aceite y talleres de cerámica, que permiten a los visitantes experimentar la esencia del Matarraña.

3. **Sostenibilidad: diseñar servicios que respeten el entorno natural y cultural**

Integrar la sostenibilidad en los servicios turísticos protege el medio ambiente y refuerza la autenticidad del destino. Los visitantes cada vez valoran más las prácticas responsables.

- **Ejemplo:** en Calaceite, muchos alojamientos rurales emplean energías renovables y promueven el uso de productos locales en sus menús, reduciendo así su impacto ambiental y apoyando los productores de la región.

Los servicios no son solo un complemento de las atracciones de un destino, sino un elemento clave para construir una experiencia turística memorable. Al enfocarse en la calidad, la diversidad y la sostenibilidad, los destinos pueden asegurarse de que cada visitante se sienta valorado y motivado a regresar. En lugares como Calaceite, donde los servicios reflejan la autenticidad del entorno, se demuestra que una buena experiencia turística no solo se trata de lo que se ve, sino también de cómo se vive.

I: Infraestructuras–conectando destinos y vidas

Las infraestructuras son el cimiento físico que sostiene el turismo. No solo facilitan el acceso y la movilidad, sino que también influyen en la percepción que el visitante tiene del destino. Una infraestructura bien diseñada cumple su función práctica y puede ser un elemento clave para conectar al visitante con la esencia del lugar.

El diseño de infraestructuras debe enfocarse en facilitar la experiencia turística, desde accesos eficientes hasta espacios que inviten a la interacción y el disfrute. Además, la sostenibilidad es esencial: las infraestructuras deben integrarse al entorno sin comprometer los recursos naturales ni la identidad del lugar.

- **Ejemplo:** el Caminito del Rey, Málaga. Este impresionante sendero, renovado y reabierto al público en 2015, es un ejemplo perfecto de cómo las infraestructuras pueden transformar un lugar en un atractivo turístico de renombre. Originalmente construido como un camino de mantenimiento para una central hidroeléctrica, fue restaurado con materiales sostenibles y un diseño que respeta el entorno natural del desfiladero de los Gaitanes. Ahora, facilita el acceso a paisajes únicos y también se ha convertido en una atracción en sí misma, atrayendo a visitantes de todo el mundo.

Aspectos clave

4. **Accesibilidad: carreteras y transporte público eficientes**

Las infraestructuras deben garantizar que los visitantes lleguen fácilmente al destino y puedan desplazarse sin dificultades. Las conexiones viales y el transporte público son esenciales para ampliar el alcance turístico.

- **Ejemplo:** el Caminito del Rey cuenta con accesos renovados y señalizados, además de servicios de transporte público que conectan los puntos de inicio y finalización del recorrido, facilitando el acceso a los turistas.

5. **Sostenibilidad: infraestructuras respetuosas con el medio ambiente**

Integrar la sostenibilidad en el diseño de infraestructuras asegura que se minimice el impacto ambiental, protegiendo la naturaleza y preservando la belleza del lugar.

- **Ejemplo:** en el Caminito del Rey, las pasarelas fueron diseñadas con madera y acero para minimizar la alteración del entorno natural, permitiendo a los visitantes disfrutar de las vistas sin dañar el ecosistema local.

6. **Funcionalidad: espacios que faciliten la interacción y el disfrute**

Las infraestructuras deben ser prácticas y enriquecedoras, ofrecer a los visitantes áreas para disfrutar y conectar con el entorno.

- **Ejemplo:** el diseño del Caminito del Rey incluye miradores estratégicos a lo largo del recorrido, permitiendo a los visitantes detenerse para admirar el paisaje y vivir una experiencia más completa.

Las infraestructuras no son solo una herramienta para facilitar el acceso, sino una parte integral de la experiencia turística. Cuando son accesibles, sostenibles y funcionales, mejoran la calidad del destino y además lo elevan como un ejemplo de cómo el turismo puede convivir con la naturaleza. El Caminito del Rey demuestra que las infraestructuras, si se diseñan con cuidado, pueden convertirse en un símbolo del equilibrio entre desarrollo y sostenibilidad.

C: Comunicación—el puente hacia el mundo

La comunicación es la herramienta que transforma un destino en una historia que se comparte y recuerda. Es el puente que conecta al lugar con su audiencia, estableciendo un diálogo emocional que inspira, atrae y fideliza. Una buena estrategia de comunicación informa y también genera conexión, convirtiendo al visitante en un embajador del destino.

En un mundo hiperconectado, las estrategias de comunicación juegan un papel esencial para destacar en un mercado saturado. Ya sea a través de campañas creativas, *storytelling* o el uso de tecnologías innovadoras, la clave está en comunicar la esencia del destino de forma auténtica y memorable.

- **Ejemplo:** Ronda, Málaga. Este emblemático destino ha construido su comunicación en torno a su famoso Puente Nuevo, un símbolo que encapsula tanto su historia como su paisaje. Las campañas de Ronda destacan la impresionante arquitectura del puente y las experiencias que giran en torno a él, como vistas panorámicas, recorridos históricos y su oferta cultural, incluyendo la conexión con Hemingway y Orson Welles. Ronda ha utilizado la comunicación y el *storytelling* para proyectar una imagen romántica y auténtica que atrae tanto a viajeros nacionales como internacionales.

Claves para comunicar con impacto

1. **Autenticidad: mensajes reales y honestos**

Una comunicación efectiva debe reflejar la verdadera esencia del destino. Los mensajes auténticos generan confianza y hacen que la experiencia sea más valiosa.

- **Ejemplo:** Ronda utiliza historias sobre la construcción y el papel histórico del Puente Nuevo, mostrando cómo este destino ícono conecta al visitante con siglos de tradición y cultura. La autenticidad de su comunicación radica en resaltar la relación íntima entre el paisaje natural y su patrimonio arquitectónico.

2. **Innovación: uso de tecnologías como la realidad aumentada y la IA**

Incorporar tecnologías modernas puede enriquecer la experiencia del visitante, haciendo la comunicación más interactiva y memorable.

- **Ejemplo:** En Ronda, la implementación de una *app* con realidad aumentada permite a los visitantes explorar virtualmente cómo era el Puente Nuevo y su entorno durante su construcción en el siglo XVIII, añadiendo una dimensión educativa e interactiva a su visita.

3. **Consistencia: mensajes alineados con la identidad del destino**

La coherencia en los mensajes asegura que todos los puntos de contacto con el visitante refuercen la identidad del destino.

- **Ejemplo:** Ronda mantiene una narrativa constante centrada en su historia, cultura y paisajes, asegurándose de que todos sus materiales promocionales, desde redes sociales hasta folletos turísticos, reflejen la majestuosidad y el romanticismo que el destino evoca.

La comunicación es mucho más que promoción, es el arte de contar historias que conecten con los visitantes. Cuando un destino logra ser auténtico, innovador y consistente en su mensaje, deja una huella emocional que perdura en quienes lo visitan. Ronda es un ejemplo de cómo una estrategia bien definida puede destacar la esencia de un lugar y convertirlo en un referente turístico mundial.

Conclusión: el equilibrio como clave del éxito

La estrategia del pentágono no es solo un modelo, sino una filosofía de desarrollo turístico que trasciende lo técnico para transformar destinos y comunidades. Cada variable aporta un elemento esencial, pero es su equilibrio lo que garantiza un impacto duradero y sostenible. Este modelo optimiza las experiencias de los visitantes y potencia el valor cultural, económico y ambiental de cada lugar.

El éxito de un destino no radica en destacar una sola variable, sino en la armonía y conexión entre todas ellas. Cuando las infraestructuras, los servicios, la comunicación, las atracciones y la marca trabajan en equilibrio, se construyen experiencias que perduran en el tiempo, y en la memoria y el corazón de quienes las viven.

La verdadera fuerza de la estrategia del pentágono reside en su adaptabilidad: es un marco que puede aplicarse tanto en grandes ciudades como en pequeños pueblos, generando un turismo sostenible, auténtico y profundamente memorable.

1.2. El ciclo de viaje del turista y la comunicación estratégica

Pensemos en un turista en el momento en que decide visitar un destino, desde la chispa inicial de inspiración hasta la emoción de la llegada y los recuerdos que lleva consigo al regresar. Este viaje no ocurre de manera aislada, cada paso está influenciado por las cinco variables del pentágono, que actúan como engranajes sincronizados para garantizar una experiencia inolvidable.

El ciclo del turista puede dividirse en cuatro etapas principales: búsqueda de información, decisión del viaje, experiencias vividas y recomendación personal. Cada una de ellas está profundamente conectada con las variables del pentágono, y su equilibrio puede transformar un destino en un lugar que los turistas visitan y también recomiendan y recuerdan.

La experiencia del turista en etapas:

1. **Búsqueda de información:** en esta fase inicial, los turistas exploran opciones para planificar su viaje. Aquí, la marca y la comunicación tienen un papel decisivo. Una marca bien posicionada y una estrategia de comunicación clara permiten captar la atención del viajero potencial, destacando el valor único del destino. Es en este momento cuando el turista se inspira a través de redes sociales, páginas web y recomendaciones *online*.

2. **Decisión y viaje:** la decisión de elegir un destino está influenciada por una comunicación convincente que combina la propuesta de marca con atracciones, servicios e infraestructuras. La calidad de

la comunicación en esta fase debe transmitir confianza y eliminar barreras para que el turista dé el paso final.

3. **Experiencias vividas:** durante el viaje, los turistas interactúan directamente con las atracciones, los servicios y las infraestructuras. Sin embargo, es la comunicación *in situ* la que mejora la experiencia: mapas claros, señalización eficiente y mensajes que conectan emocionalmente con los visitantes, transforman una experiencia buena en una experiencia memorable.

4. **Recomendación personal:** una vez que el turista regresa a casa, la comunicación no termina; se transforma. Aquí, la marca y la comunicación deben fomentar que los visitantes compartan sus experiencias a través de reseñas, redes sociales o recomendaciones directas. Una narrativa convincente puede convertir a cada visitante en un embajador del destino.

El gráfico presentado destaca la relevancia de cada variable en las etapas del ciclo turístico. La marca y la comunicación sobresalen como elementos transversales, impactando en todas las fases. Sin embargo, las atracciones, servicios e infraestructuras tienen un impacto más concentrado en la fase de experiencia, lo que subraya la importancia de un equilibrio perfecto entre las variables.

	Búsqueda información	Decisión y viaje	Experiencias vividas	Recomendación personal
Marca	✓	✓	✓	✓
Atracciones			✓	
Servicios			✓	
Infraestructura			✓	
Comunicación	✓	✓	✓	✓

El desarrollo turístico de un destino es un rompecabezas donde cada pieza encaja para formar una experiencia única y memorable. Las variables de la estrategia del pentágono (Marca, Atracciones, Servicios, Infraestructuras y Comunicación) son esas piezas. Sin embargo, no todas actúan con la misma fuerza o en los mismos momentos del proceso de decisión de un turista. ¿Cómo saber qué variable priorizar en cada etapa? Este gráfico es la respuesta: una guía visual que muestra cómo cada variable impacta en el recorrido del turista, desde la inspiración inicial hasta la recomendación final.

La comunicación, como vemos, es la pieza clave que conecta y amplifica el impacto de todos los demás. El gráfico nos ayuda a entender esta relación y, sobre todo, a planificar estratégicamente cómo equilibrar las variables para maximizar el éxito turístico.

En resumen:

- **Marca y Comunicación:** sobresalen en todas las etapas. Desde la fase inicial (donde captan la atención del turista potencial), hasta la recomendación final (asegurando que las experiencias se convertirán en historias compartidas).

- **Atracciones, Servicios e Infraestructuras:** tienen un impacto más focalizado, principalmente durante la fase de experiencias vividas, cuando el turista interactúa directamente con el destino.

Este equilibrio visual refleja cómo las variables trabajan juntas, cada una jugando un papel clave en el momento adecuado. La comunicación, sin embargo, trasciende las etapas: está presente desde el primer momento, guiando al turista, reforzando su experiencia y dejando una huella duradera.

Para comprender aún más el ciclo del viaje del turista, analizaremos Albarracín, un pequeño pueblo medieval en la provincia de Teruel, España. Este pueblo ha logrado posicionarse como uno de los más bellos del país gracias a un equilibrio estratégico de estas variables.

5. **Búsqueda de información**

Albarracín supo usar su marca para posicionarse como «un viaje al pasado», destacando su arquitectura medieval y paisajes únicos.

31

La comunicación, a través de redes sociales y guías turísticas, fue clave para captar la atención de un público amante de la historia y la tranquilidad.

6. **Decisión y viaje**

Aquí, la marca se combina con la comunicación para transmitir confianza. Fotografías evocadoras del casco antiguo y la promesa de una experiencia única impulsan al turista a elegir Albarracín frente a otros destinos similares. Sin embargo, también se apoya en su infraestructura, como carreteras mejoradas que facilitan el acceso a este remoto rincón de Teruel.

7. **Experiencias vividas**

Es en esta etapa donde Albarracín brilla gracias a sus atracciones (el castillo, las murallas y sus estrechas calles empedradas) y sus servicios, como pequeños restaurantes familiares y alojamientos rurales. Además, la comunicación *in situ,* como mapas y rutas señalizadas, mejora la experiencia del visitante, permitiéndole explorar el pueblo con facilidad.

8. **Recomendación personal**

Finalmente, los turistas que visitan Albarracín disfrutan de la experiencia y la comparten. Aquí, la marca y la comunicación juegan un papel crucial al motivar a los visitantes a publicar fotos, escribir reseñas y recomendar el destino. Albarracín transforma a cada visitante en un embajador, asegurando un flujo constante de nuevos turistas.

Conclusión. La importancia del equilibrio y la comunicación

El gráfico nos enseña una lección esencial: cada variable tiene su momento de protagonismo, pero es la comunicación, junto con la marca o identificación de marca, la que actúa como el eje transversal que conecta y amplifica el impacto de todas. En destinos como Albarracín, la capacidad de comunicar de forma clara, auténtica y emocional ha sido clave para su éxito, transformando un pequeño pueblo en un referente turístico.

En la estrategia del pentágono, la comunicación informa: emociona, inspira y conecta. Es el alma que da vida a la marca, la voz que destaca las atracciones, la guía que facilita el acceso a los servicios y la herramienta que promueve las infraestructuras. Un destino puede ser hermoso, histórico o único, pero, si no sabe contar su historia, permanece invisible. La comunicación, en equilibrio con las demás variables, asegura que esa historia sea contada y también recordada.

Porque lo que no se comunica no existe y lo que se comunica bien trasciende.

33

1.3. Tips clave del capítulo: las variables estructurales del pentágono

1. **Comprender el equilibrio:** reconocer que el éxito de un destino radica en el equilibrio entre marca, atracciones, servicios, infraestructuras y comunicación.

2. **Analizar la marca:** identificar la esencia única del destino que puede diferenciarlo en un mercado competitivo.

3. **Evaluar las atracciones:** determinar cuáles son las principales y cómo complementarlas con secundarias para prolongar la estancia del visitante.

4. **Optimizar los servicios:** diseñar experiencias que se adapten a las necesidades del visitante, priorizando calidad, sostenibilidad y diversidad.

5. **Fortalecer las infraestructuras:** garantizar accesibilidad, funcionalidad y sostenibilidad para conectar al visitante con el destino.

6. **Planificar la comunicación:** crear mensajes auténticos y consistentes que resalten la identidad del destino y conecten emocionalmente con el público objetivo.

7. **Detectar sinergias:** analizar cómo las cinco variables trabajan juntas para maximizar el impacto y la sostenibilidad del destino.

8. **Priorizar la autenticidad:** reflejar la verdadera identidad del lugar en cada variable para generar un impacto memorable y único.

9. **Identificar fortalezas y carencias:** usar las variables como guía para evaluar qué aspectos del destino necesitan atención inmediata.

10. **Pensar en la sostenibilidad:** integrar prácticas sostenibles en cada decisión.

Este capítulo ha sentado las bases para entender la estrategia del pentágono. Ahora, pongamos en práctica estos principios y evaluemos el equilibrio de las variables en el destino a través de un ejercicio práctico.

1.4. Ejercicio práctico: evaluación del equilibrio de las variables

Esta herramienta está diseñada para analizar y calificar el equilibrio de las cinco variables clave del pentágono (Marca, Atracciones, Servicios, Infraestructuras y Comunicación) en un destino turístico. Su propósito es ofrecer una evaluación rápida y efectiva para identificar fortalezas y áreas de mejora, alineándose directamente con el contenido del capítulo.

Instrucciones:

1. **Calificar cada variable** en una escala del 1 al 5, siendo:

   - 1: muy débil o inexistente

   - 2: débil

- 3: promedio

- 4: bueno

- 5: excelente

2. En la columna de **Observaciones,** sería importante escribir comentarios breves sobre las fortalezas o debilidades identificadas en cada variable.

3. Utilizar el resultado general para determinar qué aspectos necesitan intervención para lograr un equilibrio sostenible.

Tabla de evaluación del equilibrio de las variables. Cómo interpretar los resultados

Variable	Descripción breve	Calificación (1-5)	Observaciones
Marca	Reconocimiento, identidad y consistencia de la marca turística.		Ejemplo: La marca es conocida a nivel nacional, pero no tiene visibilidad internacional.
Atracciones	Calidad, singularidad y gestión de las atracciones principales.		Ejemplo: Las atracciones son interesantes, pero falta narrativa que las conecte con el público.
Servicios	Disponibilidad y calidad de hoteles, restaurantes y guías turísticas.		Ejemplo: Excelente atención en hoteles, pero pocos restaurantes locales.
Infraestructuras	Transporte, accesibilidad, señalización y sostenibilidad.		Ejemplo: Buen transporte público, pero falta señalización en varios idiomas.
Comunicación	Estrategias digitales, campañas promocionales y relaciones públicas.		Ejemplo: Redes sociales activas, pero falta una estrategia de comunicación unificada.

35

Promedio general:

- 4-5: el destino tiene un equilibrio sólido y competitivo.

- 3-4: el equilibrio es aceptable, pero hay áreas clave que requieren mejoras.

- Menos de 3: hay desequilibrios significativos que afectan a la competitividad del destino.

Las variables con calificaciones por debajo de 3 están en desequilibrio y deberían ser prioridad para potenciar su desarrollo.

2. Herramientas y canales para un impacto global

Una vez comprendida la importancia de equilibrar las variables de la estrategia del pentágono, es hora de explorar cómo comunicar ese equilibrio al mundo. En este capítulo, analizaremos las herramientas y canales que permiten a un destino turístico conectar de manera efectiva con su público objetivo, maximizando su impacto global.

2.1. Herramientas y canales de comunicación

La comunicación, para ser verdaderamente efectiva, debe ser omnicanal y estratégica, integrando herramientas que alcancen al turista en cada etapa de su recorrido. Este enfoque 360 grados asegura que el mensaje del destino llegue al público y conecte emocionalmente, inspire acción y deje una huella duradera. Aunque la planificación estratégica de la comunicación se desarrollará en profundidad en la segunda parte del libro, es esencial entender ahora las principales herramientas y canales que conforman este ecosistema.

1. Herramientas digitales

En la era digital, estas herramientas son indispensables para posicionar un destino y llegar a un público global de manera rápida y económica:

- **Sitios web y blogs**

  Son el pilar central de la comunicación digital. Un sitio web bien diseñado actúa como una ventana al destino, ofreciendo información

37

actualizada sobre atracciones, servicios y eventos. Los blogs y video-blogs, por su parte, permiten compartir historias y recomendaciones que conecten emocionalmente con los lectores.

- **Redes sociales**

Plataformas como Instagram, Facebook, X y TikTok permiten interactuar directamente con los turistas, responder a preguntas en tiempo real y compartir contenido visual impactante. Por ejemplo, una foto evocadora en Instagram puede ser la chispa que inspire a alguien a visitar el destino.

- **Aplicaciones móviles**

Las *apps* personalizadas son una herramienta poderosa para facilitar la experiencia del turista, ofreciendo mapas interactivos, guías personalizadas y alertas sobre eventos locales. Estas herramientas añaden valor durante la etapa de experiencias vividas por parte del turista.

- **SEO (posicionamiento orgánico):**

Optimizar la visibilidad en motores de búsqueda garantiza que el destino sea encontrado fácilmente.

2. Herramientas tradicionales

Aunque vivimos en un mundo digital, los canales tradicionales siguen siendo relevantes, especialmente para alcanzar audiencias más amplias y diversificadas:

- **Folletos y guías impresas**

Estas herramientas clásicas son ideales para los turistas que buscan información tangible y práctica durante su visita. Un folleto bien diseñado puede servir como una brújula física, guiando al visitante hacia los puntos clave del destino.

- **Publicidad en medios:**

  La televisión, la radio y la prensa escrita ofrecen un alcance masivo y son especialmente útiles para campañas de marca o eventos específicos. Un anuncio en televisión que muestre la autenticidad de un destino puede ser un poderoso motor de inspiración.

- **Oficinas de turismo**

  Estos puntos de contacto físico son imprescindibles para una comunicación directa y personalizada. Los visitantes pueden resolver dudas, obtener mapas y recibir recomendaciones locales que mejoran su experiencia.

En un mundo hiperconectado, las herramientas digitales dominan gran parte de la comunicación turística. Pero eso no significa que las tradicionales hayan perdido su relevancia; al contrario, ambas estrategias se potencian mutuamente cuando se integran de manera inteligente en un enfoque omnicanal. Este equilibrio permite aprovechar lo mejor de cada mundo: la inmediatez y el alcance global de lo digital, junto con la tangibilidad y la conexión personal de lo tradicional.

39

Por ejemplo, un turista puede descubrir un destino a través de una campaña en redes sociales que utiliza contenido visual impactante (digital), lo que despierta su interés y lo lleva a visitar la página web del destino para obtener más información. Una vez en el lugar, ese mismo turista podría recibir un folleto impreso con un mapa detallado y recomendaciones de actividades (tradicionales), facilitando su experiencia física en el destino. De esta manera, las herramientas digitales generan inspiración y planificación previa, mientras que las tradicionales aseguran un acompañamiento efectivo durante la visita.

Este enfoque complementario también permite adaptar la comunicación a diferentes audiencias. Mientras que las generaciones más jóvenes suelen preferir canales digitales como Instagram, Facebook o TikTok, los viajeros mayores pueden sentirse más cómodos con guías impresas o información obtenida en oficinas de turismo. Al combinar ambos enfoques, los destinos logran captar la atención de un público más diverso, maximizando su impacto.

La integración de herramientas digitales y tradicionales amplifica el alcance del mensaje y enriquece la experiencia del visitante en todas las etapas del ciclo turístico. Cada herramienta tiene un papel único, pero, cuando se utilizan en sinergia, transforman la comunicación en una experiencia cohesiva y memorable.

Resumen

Las herramientas y canales de comunicación son los medios a través de los cuales un destino cuenta su historia y se conecta con su público. Tanto los canales digitales como los tradicionales son necesarios para alcanzar una audiencia diversa y garantizar que el mensaje del destino sea claro, inspirador y memorable.

En la segunda parte del libro, exploraremos cómo planificar, diseñar y ejecutar una estrategia de comunicación adaptada a la estrategia del pentágono, asegurando que cada herramienta y canal sea utilizado de manera estratégica para maximizar el impacto y fortalecer la marca del destino. Porque comunicar no es solo hablar, es saber llegar al corazón de quienes buscan descubrir el mundo.

40

Comunicación visual y emocional: la experiencia que habla sin palabras

La comunicación visual y emocional es una herramienta poderosa en el turismo, porque apela directamente a los sentidos y las emociones de los visitantes. Más allá de las palabras, los turistas perciben el alma de un destino a través de lo que ven, sienten y experimentan. Cada rincón, cada detalle y cada interacción cuenta una historia, dejando una impresión que puede inspirarles a regresar o, por el contrario, a evitarlo.

Un paisaje bien cuidado, con calles limpias y flores como adorno en una plaza, son elementos visuales, son mensajes silenciosos que comunican orgullo, dedicación y hospitalidad. Por otro lado, un lugar descuidado, con basura en el suelo y edificios abandonados, transmite indiferencia y desinterés, alejando a los turistas antes de que tengan la oportunidad de explorar más.

Ejemplos reales: cómo comunicar un destino

Ejemplo positivo: la magia de Hallstatt, Austria

Hallstatt, un pequeño pueblo a orillas de un lago en Austria, ha conquistado a turistas de todo el mundo gracias a su impecable comunicación visual y emocional. Sus casas perfectamente alineadas y adornadas con flores en primavera, las aguas cristalinas del lago y sus cuidadas calles empedradas son un reflejo de cuidado y amor por el lugar. Cada imagen de Hallstatt, ya sea en redes sociales o en folletos turísticos, comunica serenidad, belleza y tradición. Estas percepciones visuales despiertan emociones que motivan a los viajeros a experimentar el destino en persona.

Hallstatt demuestra la importancia de mantener una estética cuidada y una narrativa visual consistente en todos los puntos de contacto, desde redes sociales hasta la experiencia física en el lugar. Otros destinos pueden aprender de su enfoque detallista, asegurándose de que cada elemento del entorno comunica hospitalidad y belleza. Implementar un plan integral de mantenimiento, junto con una estrategia visual sólida, puede transformar cualquier destino con potencial en un imán para turistas. 41

Ejemplo negativo: un destino con potencial, pero descuidado

En contraste, un pueblo con un enorme potencial turístico puede ser arruinado por una mala comunicación visual. Por ejemplo, un lugar con atracciones naturales hermosas, pero sin un sistema básico de limpieza, con grafitis en lugares inadecuados y señalización deficiente. Los turistas, al percibir este descuido, se sienten incómodos, pero también inseguros. El mensaje que recibe es claro: «No somos un destino que cuida de sus visitantes ni de su entorno».

Este caso ilustra cómo la falta de atención a detalles básicos, como la limpieza o una señalización clara, puede perjudicar gravemente la percepción de un destino. Los responsables de turismo pueden evitar estos errores estableciendo sistemas regulares de mantenimiento y priorizando la calidad de la infraestructura. Además, desarrollar una estrategia de comunicación transparente y coherente puede ayudar a cambiar la percepción inicial y reposicionar el destino como atractivo y confiable.

Más allá de la estética: la comunicación en los detalles

La comunicación visual no se limita a paisajes pintorescos o fachadas impecables, está en los pequeños detalles que muestran cuidado y atención. Un pueblo con papeleras bien distribuidas y discretas invita a los visitantes a respetar el entorno. Los bancos estratégicamente ubicados en miradores o plazas ofrecen descanso y transmiten un mensaje de hospitalidad. Del mismo modo, una fuente de agua potable accesible y bien señalizada habla de empatía hacia las necesidades del turista.

Por ejemplo, en pueblos como Portree, en la isla de Skye (Escocia), los colores vibrantes de las casas que rodean el puerto pesquero comunican un carácter acogedor y alegre que atrae a fotógrafos y viajeros que buscan autenticidad. Pero también destaca cómo los caminos están marcados con señalización clara, los espacios naturales están limpios y hay lugares cómodos para disfrutar del paisaje. Todo ello crea una experiencia emocional que refuerza la marca del lugar.

En el otro extremo, un pueblo con señalización en mal estado o inexistente comunica un mensaje de descuido. Cuando los turistas tienen que adivinar cómo llegar a las atracciones o no encuentran información clara, se genera frustración, una emoción negativa que puede dañar la percepción del destino.

El poder de la experiencia emocional

Cada elemento de un destino comunica algo: una calle empedrada bien mantenida sugiere tradición y cuidado; un mercado local lleno de productos frescos y artesanales transmite autenticidad y riqueza cultural; incluso el comportamiento del personal en restaurantes y alojamientos puede comunicar hospitalidad y profesionalismo, o todo lo contrario.

Un caso emblemático es el de Brujas, Bélgica: sus canales reflejan la belleza arquitectónica y un compromiso con la preservación histórica; sin embargo, es la atmósfera que se respira al caminar por sus puentes y escuchar el sonido del agua lo que deja una impresión duradera en los turistas. Este tipo de comunicación emocional crea un vínculo con el lugar y lo hace inolvidable.

Conclusión: la comunicación que no necesita palabras

En la estrategia del pentágono la comunicación visual y emocional es tan crucial como la comunicación verbal o escrita. Es la primera impresión que recibe un turista, y puede ser la más poderosa. Un destino debe hablar a través de campañas o redes sociales, además de con su entorno, con atención al detalle y la experiencia que ofrece.

El objetivo es que el turista vea un lugar y que lo sienta: que perciba el cuidado en cada rincón, que experimente emociones positivas en cada interacción y que salga del destino con el deseo de volver y recomendarlo. Porque, al final, los destinos que saben comunicar su esencia no necesitan gritar: su belleza y hospitalidad hablan por ellos.

2.2. *Storytelling* o la importancia de contar historias... y saber contarlas

¿Qué es lo primero que se le vino a la mente al leer el título de este libro, *La estrategia del pentágono*? Si lo relacionó con el famoso edificio del Departamento de Defensa de los Estados Unidos, no será el único. La mayoría de las personas lo hacen. ¿Por qué? Porque el Pentágono tiene una marca consolidada que ha sido reforzada durante años en películas, noticias, libros, etc.

Ahora, imagine por un momento que visita el verdadero Pentágono. Se encuentra en una sala de reuniones enorme, como esas que ha visto en el cine. La mesa está rodeada de personas serias y elegantes; una de ellas, condecorada hasta el cuello, está sentada en la esquina derecha. ¿Quién será? ¿Un héroe de guerra que perdió a su familia en una tragedia y ahora vive con su perro en una cabaña junto a un lago? ¿Visualiza el pequeño muelle de madera y el bote amarrado, esperando un tranquilo paseo al atardecer?

De la nada acabamos de construir una historia. Y esa historia le transportó al lugar, lo que probablemente quedará grabado en su memoria. Puede que, la próxima vez que vea una película en la que aparezca el Pentágono, recuerde esta pequeña narración y sonría.

Así funciona el *storytelling*: una herramienta poderosa que da vida a conceptos, lugares y marcas, conectando con las emociones y creando recuerdos duraderos. Y en el marketing turístico el *storytelling* es una estrategia esencial. No se trata solo de describir un lugar o sus características, sino de invitar al viajero a imaginarse allí, a sentir, a vivir una experiencia, incluso antes de llegar.

Por ejemplo, un pequeño pueblo medieval en España no sería solo un lugar con murallas y calles empedradas, sino un viaje en el tiempo en el que puede imaginarse caminando de noche bajo la luz de las antorchas, escuchando las historias de sus habitantes y descubriendo secretos tras cada esquina. Es esta narrativa, esta emoción, lo que transforma un destino en una experiencia inolvidable.

Contar historias es mucho más que comunicar hechos: es inspirar y emocionar. En turismo, saber contar historias puede marcar la diferencia entre ser un lugar más en el mapa o convertirse en el próximo destino soñado.

Ejemplos de *storytelling* en destinos turísticos

Giethoorn, Países Bajos: el pueblo sin carreteras

En los Países Bajos, Giethoorn es conocido como «la Venecia de Holanda». Este pequeño pueblo, donde no hay carreteras y el transporte principal son pequeños botes que recorren sus canales, ofrece una experiencia única de tranquilidad y belleza. Las casas con techos de paja, los puentes de madera y la ausencia de tráfico cuentan una historia de armonía con la naturaleza. Los visitantes se sienten como si hubieran viajado en el tiempo a un lugar donde el mundo se mueve a un ritmo más lento.

El *storytelling* de Giethoorn enfatiza la serenidad, la conexión con el agua y la autenticidad, lo que ha posicionado al pueblo como un destino romántico y pintoresco que destaca entre los bulliciosos destinos turísticos.

44

Monsanto, Portugal: el pueblo de las rocas gigantes

Monsanto, un pequeño pueblo en el centro de Portugal, es conocido como «el pueblo más portugués de Portugal». Su singularidad radica en su integración con enormes rocas graníticas que forman parte de las casas y las calles. Al caminar por Monsanto, los visitantes se encuentran con tejados que emergen de las rocas, puertas talladas en la piedra y un castillo que corona el paisaje.

La narrativa de Monsanto gira en torno a su resistencia y adaptabilidad, simbolizando cómo los lugareños han trabajado con la naturaleza en lugar de luchar contra ella. Esta narración visual y emocional atrae a turistas en busca de autenticidad y maravillas arquitectónicas que parecen sacadas de un cuento de hadas.

45

Pueblo de cuento de hadas de Hallstatt, China: la réplica de Hallstatt

Aunque Hallstatt, Austria, es un ejemplo conocido, su narración toma un giro interesante con su réplica en China. Una copia exacta de este pueblo fue construida en la provincia de Guangdong, como un ejemplo de la obsesión china por la belleza alpina.

La historia que hay detrás de esta réplica ha generado curiosidad y debate entre los turistas internacionales, convirtiéndose en un caso único de narración que promueve Hallstatt en Europa y su versión en Asia, lo que despierta una narrativa sobre la globalización y la identidad cultural.

Eze, Francia: el pueblo perfumado de la Riviera Francesa

Eze, en la Riviera Francesa, es conocido por su encanto medieval y su conexión con el mundo del perfume. Algunos perfumistas locales, como Fragonard, han utilizado la historia del pueblo para crear experiencias inmersivas donde los visitantes pueden aprender sobre la elaboración de perfumes mientras recorren calles estrechas y adoquinadas que parecen sacadas de un libro de historia.

El *storytelling* de Eze gira en torno a su arquitectura y a los sentidos: el olfato, la vista y el tacto. Este enfoque multisensorial convierte al pueblo en un destino único para aquellos que buscan experiencias más allá de lo visual.

Alquézar, España: el pueblo suspendido en el tiempo

Alquézar, en la provincia de Huesca, España, es un ejemplo menos conocido pero igual de impactante de *storytelling* aplicado al turismo. Este pueblo, enclavado en el Parque Natural de la Sierra y los Cañones de Guara, ofrece una narrativa que combina historia y aventura. Desde su castillo colegiado hasta las pasarelas suspendidas sobre el río Vero, todo en Alquézar cuenta una historia de conexión entre el hombre y la naturaleza.

Las rutas de senderismo, las leyendas de los antiguos señores feudales y la tranquilidad de sus calles medievales atraen a quienes buscan escapadas auténticas y llenas de significado.

47

Estrategias de narración de historias

El *storytelling* es mucho más que narrar historias, es la capacidad de transformar un destino en una experiencia emocional que inspira, conecta y permanece en la memoria del turista. Es una herramienta versátil y poderosa que puede adoptar diversas formas para captar la atención y la imaginación. A continuación, se presentan algunas estrategias efectivas para implementarlo en el marketing turístico:

1. **Narrativas visuales:** historias que hablan con imágenes y vídeos

Las imágenes y los vídeos tienen un poder único para transmitir emociones. Una campaña de turismo que muestre la vida cotidiana de un destino, un evento histórico recreado o los testimonios de visitantes puede ser mucho más impactante que cualquier texto.

Ejemplo: la campaña de promoción de Escocia, «Spirit of Scotland», utiliza vídeos que combinan paisajes imponentes, música tradicional y relaciones personales para evocar emociones profundas y destacar la conexión espiritual con la tierra. Estas narrativas visuales inspiran al espectador a querer vivir esa experiencia en persona.

2. **Eventos temáticos:** viajando en el tiempo y la cultura

Organizar eventos basados en la historia y la cultura del lugar es una forma dinámica de atraer turistas y sumergirlos en el espíritu del destino.

48

Ejemplo: la feria medieval de Teruel, en España, recrea la historia de los amantes de Teruel con representaciones teatrales, mercados medievales y actividades temáticas que transportan a los visitantes al siglo XIII. Este tipo de eventos atrae a un público diverso y refuerza la identidad cultural de la región.

3. **Contenido interactivo:** experiencias digitales que preceden a la aventura

En un mundo digital, las aplicaciones móviles y los sitios web interactivos son esenciales para contar historias que cautiven al viajero antes de su llegada.

Ejemplo: el sitio web interactivo Visit Noruega permite a los turistas explorar virtualmente paisajes, actividades y rutas personalizadas según sus intereses. A través de tecnología avanzada, los usuarios pueden visualizar cómo será su experiencia, lo que incrementa su deseo de visitar el destino.

4. **Guías y folletos narrativos:** más allá de la información práctica

Un folleto puede ser mucho más que una herramienta informativa, puede convertirse en una ventana al alma del destino, relatando historias fascinantes sobre sus habitantes, su historia y sus secretos.

Ejemplo: la guía narrativa de Edimburgo, distribuida en festivales y oficinas de turismo, cuenta las leyendas de los callejones de la ciudad, el misterio que se esconde detrás de su castillo y los mitos de los escritores famosos que vivieron allí. Esta narrativa hace que los turistas se sientan como protagonistas de un cuento mientras recorren la ciudad.

El *storytelling* es una estrategia que trasciende la simple promoción y se convierte en una herramienta para crear conexiones emocionales profundas entre los turistas y los destinos. Al utilizar narrativas visuales, eventos temáticos, contenido interactivo y guías narrativas, los destinos pueden destacar en un mercado competitivo y dejar una impresión duradera en la mente de los visitantes.

En torno a una leyenda bien contada, una recreación histórica o una experiencia inmersiva, se puede construir un destino turístico de interés nacional e internacional. Este enfoque atrae visitantes y puede desencadenar proyectos de desarrollo y crecimiento sostenible para la región, consolidando su lugar en el mapa turístico global. Contar historias transforma un destino y cambia la manera en que el mundo lo percibe.

2.3. Tips clave del capítulo: herramientas y canales para un impacto global

1. **Adoptar un enfoque omnicanal:** integrar herramientas digitales y tradicionales para maximizar el alcance y adaptarse a diferentes audiencias.

2. **Optimizar sitios web y blogs:** diseñar plataformas visualmente atractivas y funcionales que sirvan como el pilar central de la comunicación digital.

3. **Aprovechar redes sociales:** utilizar contenido visual impactante y mantener una interacción constante con el público para generar inspiración y fidelidad.

4. **Desarrollar aplicaciones móviles:** crear herramientas personalizadas que mejoren la experiencia del visitante durante su estancia.

5. **Implementar estrategias de SEO:** garantizar que el destino sea fácil de encontrar en motores de búsqueda a través de contenido optimizado.

6. **Mantener herramientas tradicionales:** diseñar folletos y guías impresas útiles para complementar la experiencia digital, especialmente durante la visita.

7. **Fomentar la comunicación visual y emocional:** cuidar los detalles estéticos del destino para transmitir orgullo, hospitalidad y autenticidad.

8. **Aplicar *storytelling*:** contar historias únicas que conecten emocionalmente con el público y refuercen la identidad del destino.

9. **Desarrollar narrativas visuales:** utilizar imágenes y vídeos que resalten la esencia del destino y atraigan visitantes.

10. **Organizar eventos temáticos:** crear experiencias inmersivas basadas en la historia y la cultura del lugar para atraer y fidelizar turistas.

11. **Ofrecer guías y folletos narrativos:** diseñar materiales que informen, y que también emocionen y conecten al lector con el destino.

12. **Identificar y cubrir brechas:** evaluar regularmente los canales de comunicación para detectar áreas de mejora en la estrategia omnicanal.

Este capítulo ha explorado las herramientas necesarias para conectar destinos con audiencias globales. Ahora evaluaremos cómo integrarlas en una estrategia y asegurar un impacto memorable en cada visitante.

2.4. Ejercicio práctico: *checklist* de canales de comunicación

Esta herramienta está diseñada para evaluar la integración y efectividad de los canales de comunicación de un destino turístico. Ayuda a identificar brechas en la estrategia omnicanal y asegura que los mensajes lleguen de manera coherente y consistente a las audiencias objetivo.

51

Instrucciones

1. Responder cada pregunta con **Sí** o **No**.

2. En la columna **Observaciones,** detallar comentarios o ideas para mejorar la integración de cada canal.

3. Utilizar el resultado para identificar los canales que necesitan ajustes o incorporación en su estrategia.

Checklist de canales de comunicación

Canal	Pregunta clave	Sí/No	Observaciones
Página web	¿La página web está optimizada para móviles y es fácil de navegar?		Ejemplo: La web es funcional, pero el diseño móvil es lento.
	¿Ofrece contenido claro y actualizado sobre el destino?		Ejemplo: Falta información sobre eventos locales.
Redes sociales	¿Las publicaciones son consistentes y alineadas con los valores del destino?		Ejemplo: Buen contenido en Instagram, pero falta en LinkedIn.
	¿Se adaptan los mensajes al formato de cada plataforma?		Ejemplo: Las historias de Instagram no tienen CTA claros.
Publicidad digital	¿Se utilizan campañas segmentadas para llegar al público objetivo?		Ejemplo: No hay anuncios dirigidos a millennials, un segmento clave.
	¿Se miden regularmente los resultados de las campañas?		Ejemplo: Falta un análisis detallado del ROI en Google Ads.
Medios tradicionales	¿Se aprovechan oportunidades en radio, TV o prensa para alcanzar audiencias locales?		Ejemplo: La promoción en medios locales está desactualizada.
	¿La narrativa es consistente con la estrategia digital?		Ejemplo: Mensajes en radio no alineados con campañas digitales.
Marketing por correo electrónico	¿Se utiliza para mantener a los visitantes informados y fidelizarlos?		Ejemplo: Las campañas de correo electrónico no están personalizadas.
	¿Las tasas de apertura y clics son monitoreadas regularmente?		Ejemplo: Buenas tasas de apertura, pero pocos clics.
Google My Business	¿El perfil del destino está optimizado con fotos, horarios y reseñas recientes?		Ejemplo: Faltan imágenes profesionales actualizadas.
	¿Se responden los comentarios y preguntas de los usuarios?		Ejemplo: Falta respuesta a reseñas negativas.
Contenido generado por usuarios	¿Se anima a los visitantes a compartir sus experiencias en redes sociales o blogs?		Ejemplo: No hay un hashtag oficial del destino.

Cómo interpretar los resultados

Evaluación general

- Si la mayoría de las respuestas son negativas, identificar los canales con más fallos como prioridad para su optimización.

- Si todas las respuestas son afirmativas, confirmar que los canales están integrados y alineados.

3. El equilibrio turístico

Las variables del equilibrio: una mirada integrada

3.1. Las variables del equilibrio
3.2. Tips clave del capítulo: el equilibrio turístico
3.3. Ejercicio práctico: análisis de desequilibrio estratégico

Hemos visto cómo las herramientas y los canales de comunicación juegan un papel fundamental en la promoción de un destino. Sin embargo, una comunicación efectiva solo puede construirse sobre una base equilibrada. En este capítulo, profundizaremos en la importancia del equilibrio turístico, identificando cómo las variables del pentágono interactúan y afectan a la percepción y la experiencia del visitante.

3.1. Las variables del equilibrio

La palabra *equilibrio* es tan sencilla como profunda y su significado cambia dependiendo del contexto en que se use. Puede referirse a un estado físico, químico, emocional o incluso filosófico. Pero, en el corazón de la estrategia del pentágono, el equilibrio toma una dimensión estratégica: el equilibrio turístico, ese delicado equilibrio entre las cinco variables que hemos trabajado hasta ahora.

El equilibrio turístico no es solo una idea abstracta, sino la relación armónica y estratégica que conecta y alinea las variables del pentágono (Marca, Atracciones, Servicios, Infraestructuras y Comunicación) para crear destinos sostenibles, atractivos y memorables. Es el puente invisible que da coherencia al conjunto.

En este contexto, el equilibrio turístico se podría definir como la relación estratégica y natural de todas sus variables para generar expectativa, deseo anticipatorio y experiencias emocionales positivas, creando o potenciando un destino turístico de referencia.

53

Esto significa que ninguna variable puede trabajar de manera aislada o desproporcionada sin afectar al resultado global. El equilibrio no es un estado estático, sino dinámico, en constante movimiento, adaptándose a las necesidades del destino y de su público objetivo. Cuando las variables están en equilibrio, el impacto se multiplica, lo cual potencia la fuerza estratégica del destino.

Por ejemplo:

- Una atracción turística icónica pierde su impacto si no hay servicios adecuados para los visitantes.

- Una excelente marca se debilita si la comunicación no logra transmitir su esencia.

- Un destino con infraestructuras modernas no prosperará si no se desarrolla una narrativa coherente que conecte emocionalmente con los turistas.

Cada variable depende de las demás para funcionar plenamente. Este equilibrio asegura el éxito del destino y lo convierte en un sistema resiliente y sostenible.

La importancia del equilibrio dinámico

Imagine un destino con una atracción impresionante: una cascada majestuosa, un castillo medieval o un parque natural. Sin embargo, no hay una carretera que facilite el acceso, ni restaurantes o alojamientos cercanos. Los turistas llegan y pronto se encuentran frustrados, con una experiencia que no cumple sus expectativas.

Esto ocurre cuando una sola variable recibe toda la atención, mientras las demás son descuidadas. En este caso, el desequilibrio crea un efecto de entropía: lo que debería ser un motor de desarrollo se convierte en una fuente de insatisfacción, y el destino pierde su capacidad de competir.

El equilibrio dinámico, en cambio, integra y conecta todas las variables, permitiendo que trabajen juntas hacia un objetivo común:

- **La marca** inspira al turista.

- **Las atracciones** generan deseo y curiosidad.

- **Los servicios** aseguran comodidad y disfrute.

- **Las infraestructuras** facilitan el acceso y la funcionalidad.

- **La comunicación** conecta todas estas piezas y amplifica su impacto.

Solo al mantener este equilibrio, un destino puede garantizar una experiencia turística completa y satisfactoria.

El equilibrio no es simplemente una variable más, es la variable que lo sostiene todo. Es lo que evita que el destino colapse bajo su propio peso o que se quede corto en sus aspiraciones. Es la pieza que transforma un grupo de esfuerzos independientes en una estrategia cohesionada y poderosa.

Trabajar cada variable de forma independiente, sin considerar su relación con las demás, es como construir una mesa con patas desiguales: siempre estará al borde de la inestabilidad. En cambio, un destino que alcance el equilibrio dinámico puede adaptarse, crecer y resistir los cambios, ofreciendo siempre una experiencia memorable y sostenible.

Porque el equilibrio no es un estado, sino una forma de avanzar. En movimiento constante, conectando ideas, esfuerzos y emociones para construir destinos turísticos que existen y trascienden.

Después de comprender cómo el equilibrio turístico potencia las experiencias y fortalece la competitividad de un destino, es importante analizar las consecuencias de ignorar esta integración. El equilibrio es un objetivo ideal y también un requisito estratégico que, cuando se rompe, genera una serie de problemas que impactan tanto la percepción como la funcionalidad del destino.

Los casos de desequilibrio turístico ilustran cómo el descubierto o desalineación de una sola variable puede desestabilizar todo el sistema, afectando negativamente a la experiencia del visitante y la sostenibilidad

55

del destino. Estas situaciones evidencian errores comunes y también destacan las oportunidades para corregir y transformar estas fallas en fortalezas.

Ejemplos de desequilibrio turístico

El desequilibrio turístico es una de las principales razones por las que muchos destinos no logran alcanzar su potencial. Aunque puedan destacar en una o más variables, el fallo en integrar y alinear todas las piezas de la estrategia del pentágono genera insatisfacción, pérdida de oportunidades y, a menudo, impactos negativos en la percepción del destino. Aquí algunos ejemplos que ilustran estas situaciones:

1. **Valor de marca sin servicios:** imagina un pueblo que ha desarrollado un valor de marca atractivo para un perfil específico de turistas. Sus campañas de comunicación captan la atención y la atracción principal del lugar, como un castillo histórico o un parque natural, se alinea perfectamente con esa marca. Sin embargo, el pueblo carece de servicios básicos como restaurantes, alojamientos o incluso cobertura de datos móviles.

Los turistas, motivados por las expectativas creadas, visitan el lugar, pero pronto se sienten frustrados. No encuentran dónde comer, descansar ni planificar el resto de su visita, lo que genera un cortocircuito emocional que destruye la experiencia. El resultado: los visitantes no regresan ni recomiendan el destino, dejando al pueblo estancado, incapaz de capitalizar su valor de marca.

2. **Comunicación deficiente:** un destino puede contar con atracciones espectaculares, servicios suficientes y una infraestructura funcional, sin embargo, si su comunicación no es efectiva o está mal diseñada, permanece invisible. Solo los habitantes locales y las personas cercanas al pueblo conocerán su valor, pero no podrán captar turistas externos.

Por ejemplo, un pueblo con una tradición cultural única, como festivales o artesanía, podría perder oportunidades de atraer visitantes porque su historia no se cuenta ni se comparte adecuadamente en las plataformas digitales o las tradicionales. El crecimiento económico y turístico, en este caso, sería nulo, el destino quedaría atrapado en un círculo cerrado de visitantes locales.

3. **Marca no trabajada:** ahora pensemos en una pequeña ciudad con una atracción principal bien desarrollada, servicios adecuados y una comunicación funcional. Si no ha trabajado su identificación de marca, no logrará diferenciarse ni captar la atención de los turistas potenciales.

Un ejemplo sería un pueblo con termas naturales. Si no posiciona su marca en torno al bienestar, la salud o la naturaleza, es probable que otros destinos con termas compitan mejor en la mente del viajero. Además, si la comunicación turística es realizada por una empresa externa sin una conexión real con el equipo local, el resultado sería una narrativa inconsistente y un desequilibrio transversal, lo cual limita el alcance del destino.

Ejemplos reales de equilibrio turístico

El equilibrio, en cambio, permite que las variables de la estrategia del pentágono trabajen en sinergia, amplificando su impacto y creando experiencias turísticas memorables. Estos destinos son ejemplos claros de cómo lograrlo:

Tejeda, declarado como uno de los pueblos más bonitos de España, destaca por su entorno natural y cultural y por su capacidad de generar una conexión emocional profunda con sus visitantes a través de eventos como la fiesta del almendro en flor. Esta celebración, que tiene lugar cada año entre enero y febrero, celebra la belleza efímera de los almendros en floración y simboliza el renacer y la autenticidad de la vida rural en Gran Canaria.

Durante esta fiesta, los visitantes contemplan paisajes pintorescos y participan en experiencias que apelan a sus sentidos y emociones.

Lo que hace que la fiesta del almendro en flor sea tan poderosa es su capacidad para crear recuerdos duraderos. Los colores vibrantes de las flores, los aromas dulces en el aire y la calidez de la hospitalidad local transforman una simple visita en una experiencia multisensorial y emocional. Además, la promoción digital de este evento, con imágenes y vídeos que capturan su esencia, amplifica el alcance de la marca turística de Tejeda, atrayendo tanto a visitantes nacionales como internacionales.

En resumen, la fiesta del almendro en flor contribuye a la economía local y fortalece el posicionamiento de Tejeda como un destino donde la naturaleza, la tradición y la emoción se entrelazan en un equilibrio perfecto. Es un ejemplo de cómo un evento puede actuar como un pilar estratégico dentro de la estrategia del pentágono, potenciando tanto la marca como las atracciones del destino.

Analizamos Tejeda a través de las variables de la estrategia del pentágono:

1. **Marca: la autenticidad canaria:** la marca de Tejeda se centra en su autenticidad y su conexión con la naturaleza. Este pueblo es un reflejo de la esencia canaria, con paisajes montañosos, casas blancas tradicionales y un entorno tranquilo que invita al descanso. La comunicación de su marca resalta la combinación de naturaleza, historia y cultura, lo que atrae a turistas en busca de una experiencia auténtica y alejada del turismo masivo de las zonas costeras.

2. **Atracciones: la naturaleza y el patrimonio:** Tejeda cuenta con el Roque Bentayga y el Roque Nublo, dos formaciones rocosas emblemáticas de Gran Canaria que son puntos de referencia geográficos, históricos y culturales. Además, el pueblo está rodeado de senderos que permiten a los visitantes explorar la riqueza natural de la isla. Su museo etnográfico y la Casa Museo de Abraham Cárdenes también ofrecen una perspectiva de la historia y el arte local.

3. **Servicios: cuidando la experiencia del visitante:** aunque pequeño, Tejeda ofrece una amplia gama de servicios para los turistas. Cuenta con restaurantes que se destacan por su gastronomía local, como los famosos dulces de almendra típicos de la zona. También dispone de alojamientos rurales que complementan la experiencia, permitiendo que los visitantes se queden a disfrutar de su tranquilidad y belleza.

4. **Infraestructuras: acceso y movilidad:** las carreteras que conectan Tejeda con el resto de Gran Canaria están bien desarrolladas, lo que facilita el acceso al pueblo desde las principales ciudades y aeropuertos de la isla. Además, la señalización en los senderos y las instalaciones turísticas aseguran que los visitantes puedan moverse y disfrutar de las atracciones con comodidad.

5. Comunicación: la puerta al mundo: Tejeda ha sabido utilizar la comunicación digital para posicionarse como un destino destacado. A través de las redes sociales y su presencia en los sitios web de turismo, el pueblo comunica su esencia única, compartiendo imágenes de sus paisajes y promocionando eventos como la fiesta del almendro en flor, que atrae a turistas de todas partes del mundo.

El caso de Tejeda demuestra cómo un pequeño pueblo puede integrar todas las variables de la estrategia del pentágono para convertirse en un destino turístico de referencia. Su equilibrio entre naturaleza, cultura, servicios e infraestructuras, junto con una comunicación efectiva, ha permitido que destaque entre los destinos de Gran Canaria y de ese modo atraiga a turistas tanto nacionales como internacionales.

Tejeda es un pueblo y una experiencia que conecta al visitante con la esencia de Canarias, ofreciéndole tranquilidad, autenticidad y belleza en perfecto equilibrio.

59

Otros ejemplos de municipios con equilibrio turístico

Alquézar, España: naturaleza e historia en equilibrio

Este pequeño pueblo en Huesca ha logrado equilibrar sus recursos naturales, como las pasarelas del río Vero y el Parque Natural de la Sierra y los Cañones de Guara, con su riqueza histórica y cultural. Los servicios, como alojamientos rurales y restaurantes de comida local, se integran perfectamente en el entorno. Además, su comunicación resalta su autenticidad y aventura, atrayendo a turistas que buscan experiencias inmersivas. Alquézar ha demostrado cómo un equilibrio estratégico puede transformar un lugar pequeño en un destino de referencia.

Giethoorn, Países Bajos: la serenidad de los canales

Conocido como «el pueblo sin carreteras», Giethoorn ha creado un equilibrio perfecto entre su marca de tranquilidad, sus canales únicos y sus servicios turísticos, como paseos en barca, pequeños restaurantes y alojamientos pintorescos. Su comunicación visual, centrada en la serenidad y la desconexión, ha atraído a un público internacional, manteniendo su identidad mientras se adapta a un turismo global.

San Gimignano, Italia: las torres del tiempo

Este pueblo medieval en la Toscana destaca por su coherencia estratégica. Sus torres históricas son una atracción única, apoyada por servicios de alta calidad, desde restaurantes con cocina local hasta hoteles *boutique*. La infraestructura facilita el acceso, y su comunicación en plataformas digitales e impresas resalta su encanto medieval y su patrimonio cultural. Este equilibrio ha posicionado a San Gimignano como un destino en Italia que no hay que perderse.

En este ejemplo, la combinación de una marca sólida, servicios eficientes y comunicación visual ha logrado el equilibrio perfecto entre oferta y demanda turística.

Los casos de equilibrio turístico son ejemplos inspiradores y demuestran resultados medibles que refuerzan su éxito estratégico. Los indicadores clave para evaluar este éxito incluyen:

- Incremento en el número de visitantes año tras año.

- Evolución de la reputación *online* del destino (medida por evaluación medias en plataformas).

61

- Impacto económico directo, como el aumento en la ocupación hotelera y el gasto local.

- Diversificación de la oferta turística, evidenciada por nuevos servicios o productos implementados.

Estos indicadores permiten medir el impacto de las estrategias implementadas y sirven como una brújula para detectar áreas de mejora y asegurar que las decisiones futuras mantengan el equilibrio dinámico del destino. Al adoptar un enfoque basado en métricas, los gestores turísticos pueden garantizar resultados tangibles y construir destinos resilientes y sostenibles que sigan evolucionando con las demandas del mercado y las expectativas de los visitantes.

Conclusión

El equilibrio turístico no es un lujo, sino una necesidad estratégica que permite a los destinos turísticos crecer de manera sostenible y mantener su competitividad. Las variables del pentágono —Marca, Atracciones, Servicios, Infraestructuras y Comunicación— son interdependientes, y cuando se trabajan de forma aislada o desequilibrada pueden generar problemas que afectan tanto a la experiencia del visitante como a la percepción global del destino.

En contraste, cuando estas variables se integran y trabajan en sinergia, el destino logra ofrecer una propuesta de valor coherente y atractiva, capaz de responder a las expectativas del turista moderno. La calidad de los servicios, el acceso adecuado a las atracciones y una narrativa promocional clara y efectiva son ejemplos de factores que, al equilibrarse, contribuyen a un desarrollo armónico y duradero.

El equilibrio turístico no es solo un objetivo, sino una herramienta indispensable para identificar áreas críticas, priorizar intervenciones y garantizar que todos los esfuerzos contribuyan a construir destinos sostenibles y auténticos. Al analizar las variables con un enfoque estratégico y reflexivo, es posible detectar desequilibrios y corregirlos a tiempo, asegurando así que la experiencia del visitante sea memorable y enriquecedora.

3.2. Tips clave del capítulo: el equilibrio turístico

1. **Definir el equilibrio turístico:** entender el equilibrio como la interacción armónica entre las cinco variables del pentágono (Marca, Atracciones, Servicios, Infraestructuras y Comunicación) para garantizar una experiencia turística memorable.

2. **Reconocer la interdependencia:** identificar cómo cada variable influye en las demás y cómo un desequilibrio puede afectar negativamente al destino.

3. **Mantener un equilibrio dinámico:** adaptar constantemente las estrategias para responder a las necesidades del destino y las expectativas de los visitantes.

4. **Evitar desequilibrios:** detectar y corregir problemas comunes, como una marca sólida sin servicios adecuados o una comunicación deficiente que deja al destino invisible.

5. **Fomentar la sinergia:** diseñar estrategias que combinen las fortalezas de cada variable, como integrar la marca y las atracciones con servicios de calidad y comunicación efectiva.

6. **Aprender de ejemplos reales:** analizar casos de éxito, como Tejeda o Alquézar, que han logrado un equilibrio entre naturaleza, cultura y servicios.

7. **Identificar áreas de mejora:** evaluar regularmente el estado de cada variable para detectar carencias y oportunidades.

8. **Priorizar intervenciones estratégicas:** distribuir los recursos de manera efectiva para abordar las áreas más críticas del desequilibrio.

9. **Crear experiencias integrales:** garantizar que todas las variables trabajen juntas para ofrecer una experiencia satisfactoria y coherente.

10. **Promover la sostenibilidad:** asegurar que las estrategias de equilibrio turístico consideren el impacto ambiental, cultural y económico a largo plazo.

Este capítulo ha resaltado la importancia de mantener un equilibrio dinámico y estratégico para garantizar el éxito de cualquier destino turístico. En el ejercicio siguiente se aplican estos principios en casos reales para maximizar el impacto de su estrategia.

3.3. Ejercicio práctico: análisis de desequilibrio estratégico

Introducción

El equilibrio turístico no siempre es visible a simple vista. A menudo, las variables clave de la estrategia del pentágono (Marca, Atracciones,

Servicios, Infraestructuras y Comunicación) interactúan entre sí, y la falta de equilibrio en una puede afectar a las demás.

Este ejercicio está diseñado para ayudarle a reflexionar sobre cómo las diferentes áreas de un destino turístico interactúan entre sí y cómo una pequeña mejora estratégica puede tener un gran impacto.

Instrucciones

1. **Escenario del ejercicio**

   Imagine que es el responsable de turismo de un destino ficticio llamado **Puerto Esperanza.** Este destino tiene grandes oportunidades, pero una de las variables del pentágono está en desequilibrio y está impactando negativamente en el conjunto. A continuación, se describe la situación:

2. **Situación del destino Puerto Esperanza**

   - **Marca:** el destino tiene una identidad fuerte basada en la pesca tradicional, pero no ha sido promocionado más allá del ámbito local.

   - **Atracciones:** cuenta con un puerto histórico, playas limpias y una oferta cultural limitada.

   - **Servicios:** existen pocos restaurantes y alojamientos. Los que hay son de baja calidad.

   - **Infraestructuras:** la carretera principal que conecta al destino está en mal estado, lo cual dificulta el acceso.

   - **Comunicación:** no se realizan campañas digitales ni comunicación *offline,* por lo que el destino pasa desapercibido para la mayoría de los turistas.

3. **Reflexione y responda las siguientes preguntas:**

   - **Pregunta 1:** ¿qué aspecto del destino (Marca, Atracciones, Servicios,

Infraestructuras o Comunicación) cree que está más descuidado? ¿Por qué?

- **Pregunta 2:** ¿cómo impacta este problema en otros aspectos del destino? Por ejemplo, si las carreteras están en mal estado, ¿qué efecto tiene en los turistas que quieren visitar las atracciones?

- **Pregunta 3:** si sólo disponemos de 25.000 euros para mejorar Puerto Esperanza, ¿en qué lo invertiríamos primero? Explique por qué y qué haría con ese dinero.

- **Pregunta 4:** ¿cómo sabría si su solución está funcionando? Por ejemplo, ¿qué resultado esperaríamos, como más visitantes o mejores opiniones de los turistas?

4. **Reflexión final**

Escriba una breve conclusión sobre lo aprendido en este ejercicio:

- ¿Por qué es importante analizar el equilibrio entre las variables del pentágono en un destino turístico?

65

- ¿A qué desafíos cree que se enfrenta un gestor turístico al intentar equilibrar estas variables con recursos limitados?

Formato de respuesta

Se pueden estructurar las respuestas en un formato sencillo como este:

Pregunta	Respuesta
Pregunta 1	Variable más crítica y justificación.
Pregunta 2	Impacto de la variable en el resto de las variables.
Pregunta 3	Acción prioritaria con presupuesto limitado y su justificación.
Pregunta 4	Métrica o método para evaluar el éxito de la intervención.
Reflexión final	Importancia del equilibrio turístico y desafíos identificados.

4. El perímetro del pentágono

El mapa oculto de los destinos turísticos

4.1. La estrategia de las variables
4.2. La importancia del rol de la Administración pública
4.3. Tips clave del perímetro del pentágono
4.4. Ejercicio práctico: simulación estratégica del impacto de las variables

El equilibrio turístico nos ha mostrado cómo todas las variables de la estrategia del pentágono deben trabajar en armonía. Pero ¿cómo podemos analizar este equilibrio de manera estructurada y visual? En este capítulo exploraremos cómo evaluar las variables a través de herramientas de análisis gráfico para tomar decisiones y priorizar las acciones estratégicas.

67

4.1. La estrategia de las variables

En el desarrollo de cualquier destino turístico, es fácil perderse en un mar de detalles: campañas de marketing, mejoras en infraestructuras, búsqueda incesante de atraer más visitantes... Sin embargo, todas estas acciones, si no están conectadas entre sí, no tendrán un impacto duradero. La estrategia del pentágono es mucho más que una herramienta conceptual, es un modelo práctico diseñado para analizar y equilibrar las variables que determinan el éxito de un destino.

En este capítulo no se trata de ofrecer ideas abstractas, sino de cómo traducirlas en una representación visual que revele, de forma clara y precisa, la salud actual de un destino. El gráfico del perímetro del pentágono muestra el estado de cada variable clave (Marca, Servicios, Atracciones, Infraestructuras y Comunicación) y expone las relaciones entre ellas, ofreciendo una perspectiva integral que puede transformar decisiones estratégicas.

Aquí llevaremos la teoría a la práctica. Aprenderá a leer el gráfico, a interpretar los puntos dispersos y a descifrar lo que representan para un destino. Más importante aún, comprenderá cómo este análisis visual se convierte en una brújula para trazar planes de acción que corrigen desequilibrios y potencian las fortalezas. Porque en el equilibrio del pentágono reside la clave para convertir cualquier destino en una experiencia memorable, sostenible y rentable.

Comprendiendo el gráfico

El gráfico del Perímetro del pentágono es la representación visual de la estrategia en acción, un instrumento diseñado para diagnosticar y trabajar las variables clave que determinarán el éxito turístico de un destino. Cada lado del pentágono simboliza una variable fundamental: Marca, Servicios, Atracciones, Infraestructuras y Comunicación. Estas variables interactúan constantemente. Su estado define el equilibrio general del destino.

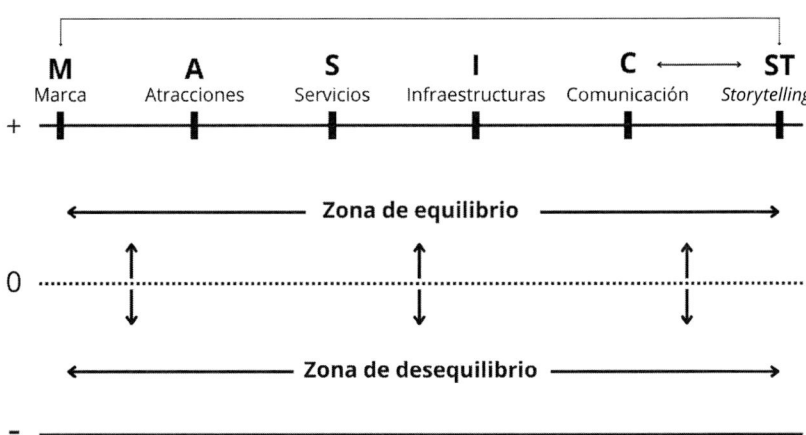

Si descomponemos el pentágono y extendemos sus lados en línea recta, obtenemos un gráfico en un eje horizontal, donde se analiza cada variable de manera individual y en conjunto. Este gráfico tiene dos zonas claramente delimitadas:

- **Zona positiva o de equilibrio (superior):** indica que la variable está siendo trabajada de manera efectiva y que genera resultados significativos.

- **Zona negativa o de desequilibrio (inferior):** refleja deficiencias, falta de atención o problemas estructurales que requieren acción inmediata.

El eje cero marca el límite entre ambas zonas. Cuando una variable está en este punto, implica que, aunque se están realizando esfuerzos, los resultados no son ni positivos ni negativos.

Cómo interpretar los puntos en el gráfico

Para situar cada variable en el gráfico, es fundamental realizar un análisis detallado y reflexivo que contemple diversas preguntas clave. Estas preguntas guían el diagnóstico y también permiten identificar oportunidades de mejora y fortalezas que consolidar. A continuación, se presenta un conjunto ampliado de preguntas para cada variable, que servirán como guía práctica para aplicar el modelo:

69

1. Marca: la identidad emocional del destino

Las preguntas de evaluación de la marca exploran su capacidad para inspirar, diferenciar y conectarse emocionalmente con los turistas. Si la marca carece de una identidad clara o no se alinea con las expectativas de los visitantes, se reflejará en el gráfico como una variable en la zona negativa, lo que indica la necesidad urgente de desarrollar una estrategia de reposicionamiento.

Preguntas:

- ¿El destino tiene una identidad clara y única que lo diferencia de otros similares?

- ¿Existe un eslogan memorable que conecte emocionalmente con los turistas? ¿Es reconocido por el público objetivo?

- ¿La marca refleja la esencia cultural, histórica o natural del destino?

- ¿Los residentes locales están involucrados y comprometidos con esta identidad de marca?

- ¿Qué emociones provoca la marca en quienes la perciben? ¿Deseo? ¿Curiosidad? ¿Conexión?

- ¿La marca tiene elementos visuales consistentes (logotipo, colores, tipografía) que la hagan fácilmente identificable?

- ¿Cómo es percibida la marca por los turistas potenciales y actuales? ¿Se alinea con las expectativas creadas?

- ¿Se han realizado estudios de mercado o encuestas para validar la eficacia de la marca?

Las respuestas a estas preguntas posicionan la variable de la marca en el gráfico: una identidad sólida, reconocida y emocionalmente resonante llevará esta variable a la zona positiva, fortaleciendo el equilibrio general del destino; por el contrario, una marca confusa o desconectada reducirá su impacto estratégico y debilitará el atractivo global del destino.

2. Servicios: el soporte funcional del destino

El análisis de los servicios mide la capacidad del destino para satisfacer las necesidades prácticas y emocionales de los turistas. Si los servicios son inadecuados o insuficientes, esto genera frustraciones que se reflejarán en la zona negativa del gráfico y afectará directamente a la experiencia del visitante.

Preguntas:

- ¿El destino cuenta con servicios básicos adecuados para atender al volumen de turistas esperado?

- ¿Existen alojamientos suficientes y diversificados para distintos presupuestos y preferencias?

- ¿La oferta gastronómica es variada y de calidad? ¿Incluye opciones locales que realcen la experiencia cultural?

- ¿Cómo es la accesibilidad del destino? ¿Hay transporte público eficiente? ¿Existen suficientes opciones de estacionamiento?

- ¿Se dispone de servicios de información turística (oficinas, mapas, aplicaciones)?

- ¿Los servicios están disponibles durante todo el año o solo en temporadas específicas?

- ¿Qué nivel de satisfacción reportan los turistas en relación con los servicios ofrecidos?

- ¿Existen servicios médicos o de emergencia para atender situaciones inesperadas?

- ¿Los servicios turísticos están adaptados para personas con movilidad reducida o necesidades especiales?

Las respuestas a estas preguntas posicionan los servicios en el gráfico, mostrando si cumplen con las expectativas de los turistas. Unos servicios bien desarrollados fortalecen la experiencia y posicionan esta variable en la zona positiva, mientras que las carencias en accesibilidad, alojamiento o calidad gastronómica revelan áreas críticas que requieren atención inmediata.

3. Atracciones: los motores de atracción del destino

La evaluación de las atracciones permite identificar si el destino cuenta con experiencias principales y complementarias que capturen el interés de los visitantes. Si las atracciones están descuidadas, mal mantenidas o no ofrecen algo único, esta variable aparecerá en la zona negativa del gráfico y limitará el potencial del destino.

Preguntas:

- ¿Existe una atracción principal que motive la visita al destino? ¿Es lo suficientemente relevante para atraer turistas por sí sola?

- ¿El destino cuenta con atracciones secundarias que complementan la principal y ofrecen una experiencia completa?

- ¿Las atracciones están bien mantenidas, actualizadas y accesibles?

- ¿Se han desarrollado experiencias innovadoras o interactivas que generen un impacto memorable?

- ¿Hay actividades adaptadas a diferentes grupos de turistas (familias, parejas, jóvenes, adultos mayores)?

- ¿Qué papel juega la cultura local en las atracciones (festivales, tradiciones, mercados)?

- ¿Existen actividades estacionales que se puedan potenciar (esquí en invierno, playas en verano)?

- ¿Las atracciones son sostenibles y respetan el entorno natural y cultural del destino?

- ¿Se han identificado y promovido los aspectos únicos o singulares de las atracciones?

Las respuestas a estas preguntas ubican las atracciones en el gráfico, destacando generan deseo y curiosidad en los visitantes. Las atracciones memorables e innovadoras impulsan esta variable a la zona positiva, mientras que su ausencia o mal estado generan desequilibrios que comprometen el atractivo general del destino.

4. Infraestructuras: la base que sustenta la experiencia turística

Las infraestructuras definen la funcionalidad del destino, desde la conectividad hasta la accesibilidad y el mantenimiento de los espacios públicos. Si hay deficiencias en estas áreas, se reflejarán en la zona negativa del gráfico, indicando barreras logísticas que obstaculizan la experiencia del turista.

Preguntas:

- ¿Las carreteras y caminos hacia el destino están en buen estado y señalizados adecuadamente?

- ¿Existen suficientes estacionamientos, especialmente cerca de las atracciones principales?

- ¿El destino cuenta con buena conectividad (transporte aéreo, terrestre o marítimo)?

- ¿Hay suficiente capacidad eléctrica, suministro de agua y saneamiento para atender tanto a locales como a turistas?

- ¿Qué nivel de accesibilidad tienen las infraestructuras para personas con discapacidad?

- ¿Existen espacios públicos atractivos y bien mantenidos (parques, plazas, paseos)?

- ¿Hay infraestructuras específicas para apoyar el turismo, como centros de convenciones, puertos deportivos o estaciones de esquí?

- ¿El destino está preparado para responder a emergencias (sistemas de evacuación, señalización de riesgos)?

- ¿Se está invirtiendo en la modernización de las infraestructuras existentes?

Las respuestas a estas preguntas posicionan las infraestructuras en el gráfico. Las infraestructuras modernas y accesibles fortalecen el equilibrio, mientras que las deficiencias en carreteras, transporte o sostenibilidad llevan esta variable a la zona negativa y exigen inversiones estratégicas para corregir el desequilibrio.

5. Comunicación: el puente entre el destino y el turista

La comunicación evalúa la capacidad del destino para transmitir su identidad, promocionar sus ofertas y conectarse emocionalmente con los turistas. Si la comunicación es inconsistente o carece de estrategia, esta variable se reflejará en la zona negativa del gráfico, lo que afecta a la visibilidad y la percepción del destino.

Preguntas:

- ¿El destino cuenta con una estrategia clara y efectiva de comunicación?

- ¿Qué canales de comunicación están utilizando? ¿Son adecuados para el público objetivo?

- ¿Las redes sociales del destino son activas y están alineadas con la identidad de marca?

- ¿Se utilizan herramientas de *storytelling* para transmitir experiencias y emociones?

- ¿Los materiales promocionales (folletos, páginas web, vídeos) son atractivos y actualizados?

- ¿Se han realizado campañas publicitarias orientadas a mercados específicos?

- ¿Los turistas tienen acceso a información útil antes, durante y después de su visita?

- ¿Se están recopilando y utilizando datos sobre el comportamiento y las preferencias de los turistas?

- ¿La comunicación incluye contenido generado por los propios turistas, como reseñas o fotografías?

- ¿El destino comunica de manera coherente y consistente en todos sus canales?

Las respuestas a estas preguntas posicionan la comunicación en el gráfico, mostrando si el destino logra inspirar y conectar con los turistas. Una estrategia clara y emocional coloca esta variable en la zona positiva, mientras que la falta de coherencia o visibilidad la arrastra a la zona negativa, lo cual disminuye el impacto global del destino.

Análisis de la ciudad de Las Vegas

La ciudad de Las Vegas es un ejemplo perfecto para analizar cómo el equilibrio entre las variables del gráfico del perímetro del pentágono puede construir un destino turístico único y poderoso. A continuación, analizaremos cada una de sus variables en relación con el gráfico, para comprender cómo logra posicionarse como uno de los destinos más icónicos del mundo.

Marca: un valor emocional inconfundible

La marca de Las Vegas es, sin lugar a duda, su mayor fortaleza. Con el lema «Lo que pasa en Las Vegas se queda en Las Vegas», la ciudad ha creado una identidad profundamente emocional y única. Este eslogan comunica el concepto de entretenimiento y libertad y apela a la imaginación de los turistas, los invita a vivir experiencias fuera de lo común.

75

- **Ubicación en el gráfico:** zona positiva alta. La marca está claramente en equilibrio, incluso más allá, ya que genera emociones intensas que atraen a turistas de todo el mundo.

- **Fortalezas:**

    – Identidad clara y memorable.

    – Conexión emocional inmediata.

    – Reconocimiento global.

- **Reflexión:** la marca de Las Vegas se basa en su eslogan y en cómo se refleja en todas las experiencias que ofrece. Esto refuerza su posicionamiento en la cima del equilibrio.

M — Marca
A — Atracciones
S — Servicios
I — Infraestructuras
C — Comunicación
ST — *Storytelling*

Marca o valor de marca
de la ciudad de Las Vegas

Equilibrio

Atracciones: el corazón del destino

Las atracciones turísticas de Las Vegas son un punto clave en su éxito. Los hoteles-casino, como el Bellagio o el Caesars Palace, son experiencias en sí mismas. Además, la ciudad complementa estas atracciones principales con una oferta inagotable de espectáculos, festivales y actividades de ocio.

- **Ubicación en el gráfico:** zona positiva alta, gracias a la diversidad y calidad de las atracciones.

- **Fortalezas:**

  – Atracciones principales con gran impacto emocional (casinos y espectáculos).

  – Complemento con atracciones secundarias (centros comerciales, restaurantes, vida nocturna).

  – Innovación constante en experiencias turísticas.

- **Reflexión:** Las Vegas ha comprendido que no basta con una atracción principal. Su éxito radica en ofrecer un ecosistema de entretenimiento que mantiene a los turistas activos y emocionados.

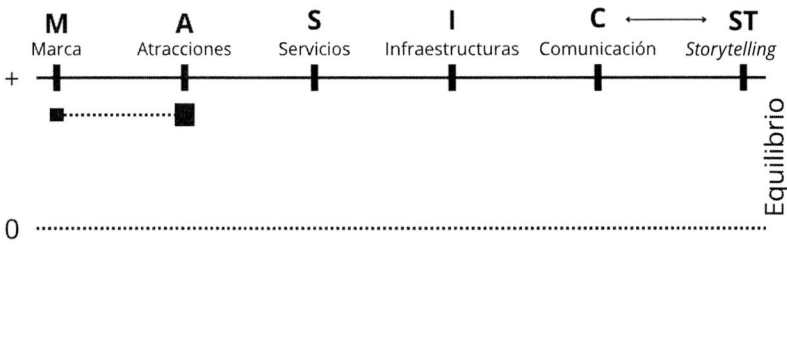

Servicios: el soporte funcional del entretenimiento

Las Vegas ha desarrollado una infraestructura de servicios que respalda su atractivo turístico. Desde hoteles económicos hasta *suites* de lujo, pasando por restaurantes galardonados y opciones de transporte accesibles, la ciudad ofrece algo para cada tipo de visitante.

77

- **Ubicación en el gráfico:** zona positiva alta, aunque con fluctuaciones en servicios específicos.

- **Fortalezas:**

  – Amplia variedad de alojamientos para diferentes presupuestos.

  – Servicios complementarios, como espectáculos y restaurantes de renombre.

- **Áreas de mejora:**

  – Algunos servicios pueden ser inaccesibles para ciertos públicos, debido a su elevado precio.

– Altos costos de servicios en temporadas pico pueden generar desequilibrios momentáneos.

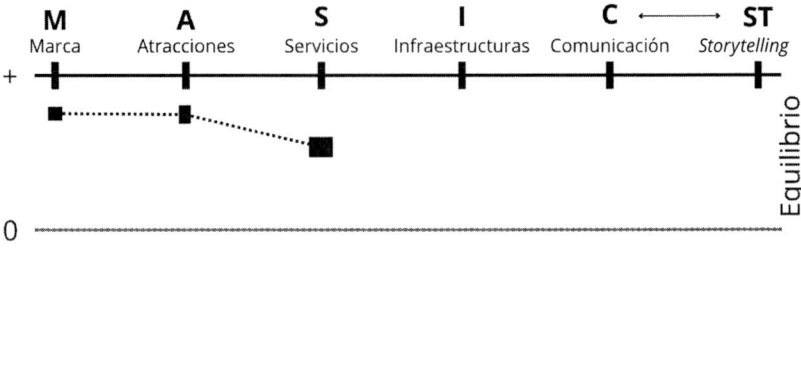

Infraestructuras: la base del funcionamiento

La ciudad ha invertido significativamente en infraestructuras que sostienen el turismo masivo; desde un aeropuerto internacional bien conectado hasta carreteras y servicios de transporte urbano, todo está diseñado para facilitar la experiencia del visitante.

· **Ubicación en el gráfico:** zona positiva, con un equilibrio sólido.

· **Fortalezas:**

– Infraestructuras modernas y bien mantenidas.

– Acceso eficiente al destino desde cualquier parte del mundo.

· **Áreas de mejora:**

– El tráfico interno puede ser un reto en temporadas altas.

– La sostenibilidad de las infraestructuras es una preocupación a largo plazo, debido a la alta cantidad de recursos que consume.

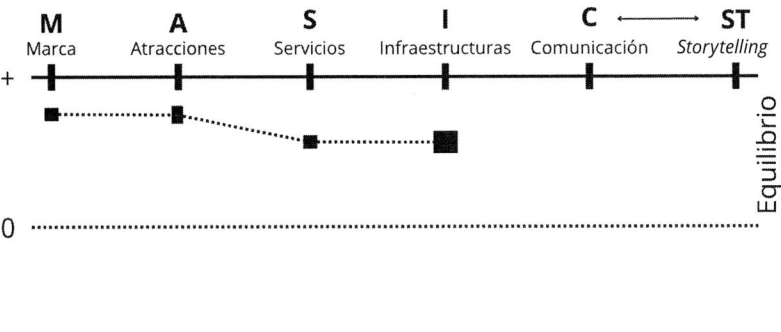

Comunicación: el puente con el visitante

La comunicación de Las Vegas informa y emociona. Con campañas de marketing que refuerzan su identidad de marca y una presencia omnipresente en los medios tradicionales y los digitales, la ciudad se asegura de que su mensaje llegue a cada rincón del planeta.

- **Ubicación en el gráfico:** zona positiva alta, con narración perfectamente integrada.

- **Fortalezas:**

  – Estrategias de comunicación 360 grados altamente efectivas.

  – Uso del *storytelling* para consolidar su posición en el imaginario colectivo.

  – Aprovechamiento de contenido generado por los turistas para mantener su relevancia.

- **Reflexión:** la comunicación de Las Vegas no es un elemento aislado. Al reforzar cada una de las otras variables, consolida su equilibrio.

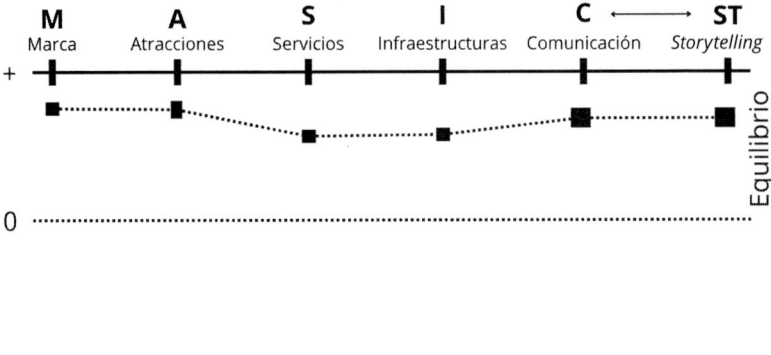

Conclusión del gráfico de Las Vegas

Al observar el gráfico del perímetro de la estrategia del pentágono para Las Vegas, es evidente que la ciudad se encuentra en una posición de equilibrio casi perfecta. Cada variable está en la zona positiva alta, con fortalezas que refuerzan su posicionamiento global. Las pequeñas áreas de mejora, como la sostenibilidad de las infraestructuras o la accesibilidad económica de ciertos servicios, no afectan significativamente a su éxito global, pero son aspectos a tener en cuenta para mantener el equilibrio a largo plazo.

Lecciones clave del caso Las Vegas

Sinergia entre variables: Las Vegas es un ejemplo de cómo las variables no funcionan de manera aislada. Su marca, servicios, atracciones, infraestructuras y comunicación trabajan juntas en equilibrio.

Adaptación constante: la ciudad evoluciona constantemente, manteniendo su relevancia y atractivo para diferentes generaciones de turistas.

El valor de la marca emocional: la identidad de Las Vegas atrae y convierte la visita en una experiencia memorable que los turistas desean repetir.

Aunque Las Vegas es un ejemplo de éxito global, sus principios pueden adaptarse a destinos más modestos. La clave está en aplicar su enfoque estratégico: potenciar la identidad de marca, innovar en las atracciones y garantizar que la comunicación refuerce las emociones únicas que el destino puede ofrecer.

Un caso hipotético

Para comprender mejor la importancia del gráfico, como herramienta de aplicación práctica, presentamos a continuación un caso hipotético que, a primera vista, parece una historia desalentadora, en comparación con la ciudad de Las Vegas. El análisis rápido sugiere que este destino, con escasa actividad turística, está lejos de ser una opción atractiva para los viajeros. Las variables de Servicios y Comunicación caen en la zona negativa, y las Atracciones parecen apenas mantener una posición moderada. Desde una percepción superficial, podría descartarse como un lugar turístico.

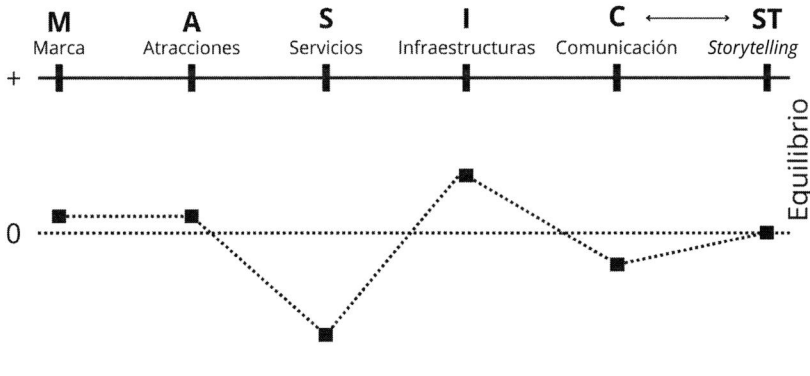

Pero, cuando observamos con más detenimiento, encontramos una verdad completamente diferente. Las variables más importantes y estructurales, la Marca y las Infraestructuras, están firmemente ubicadas en la zona positiva alta. Estas son las bases que sostienen el destino, y aunque no brillan de inmediato, representan un potencial invaluable para su desarrollo. Lo mejor de todo es que las variables en la zona negativa, aunque críticas, son aquellas que pueden mejorarse con recursos limitados, desbloqueando así un camino viable hacia el equilibrio.

Este lugar tiene una marca definida, una identidad que resulta con autenticidad. No es un destino genérico; su esencia está profundamente arraigada en su paisaje, su historia y su gente. Sin embargo, esta identidad aún no ha encontrado su voz. No hay un esfuerzo significativo para comunicarla al mundo, y ahí radica uno de los principales problemas. Nadie puede llegar si no sabe que existe.

Las infraestructuras, aunque básicas, son funcionales. Las carreteras que conducen al destino están en buen estado y las áreas clave son accesibles. Hay un punto central que podría convertirse fácilmente en el corazón del turismo: un museo, un parque, una plaza o un sendero natural que conecta con su riqueza paisajística. A pesar de la simplicidad, estas infraestructuras son suficientes para recibir un flujo inicial de visitantes, especialmente si se trabaja en paralelo la comunicación y los servicios.

La comunicación, o mejor dicho, su ausencia, es otro punto débil evidente. Pero, en un mundo digital, una estrategia básica puede cambiarlo todo. Crear perfiles en redes sociales, compartir imágenes y relatos del destino, e incluso organizar un pequeño evento anual podría ser suficiente para atraer a los primeros visitantes. Una inversión mínima en visibilidad puede generar un impacto inmediato, ya que las variables estructurales del destino ya están listas para sostener ese crecimiento.

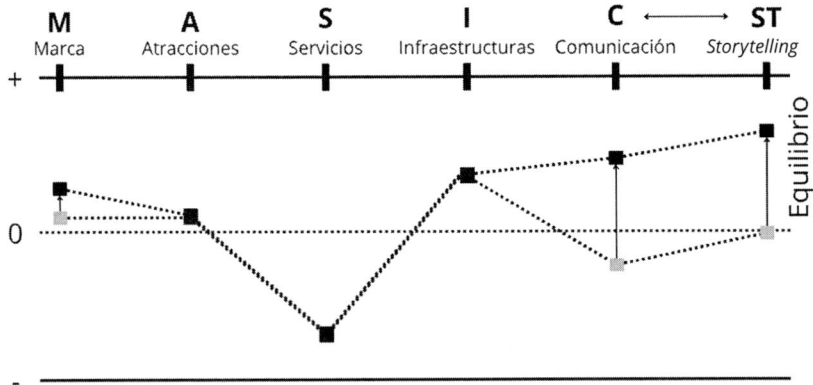

Esta estrategia de comunicación potenciará el resto de las variables y generará un equilibrio que impulsará el destino, con recursos asequibles y resultados alcanzables y reales.

Por otro lado, los servicios es el mayor desafío. Apenas hay opciones de alojamiento y el único bar/restaurante tiene horarios limitados. Pero este problema, que podría parecer insalvable, en realidad ofrece una oportunidad única. Con una inversión mínima, el destino puede apoyarse en la comunidad para ofrecer alternativas, como alojamientos en casas de residentes o la creación de pequeños mercados locales que amplíen la oferta gastronómica. Estas soluciones son prácticas y económicas y también conectan a los visitantes con la esencia del lugar, haciendo de la autenticidad su mayor fortaleza.

83

Lo que a simple vista parece un lugar sin futuro turístico es, en realidad, un diamante en bruto. Las variables fundamentales están en su lugar y los aspectos negativos son abordables con creatividad y pocos recursos. Este caso hipotético demuestra que no todos los destinos necesitan grandes inversiones o transformaciones radicales para convertirse en una opción viable; a veces basta con saber leer lo que el gráfico nos está diciendo en realidad, e identificar las fortalezas estructurales para trabajar los puntos críticos más manejables.

Este ejemplo deja una lección clara: los destinos no siempre son lo que parecen a primera vista; muchas veces el potencial no está en el presupuesto, sino en la estrategia.

Plan de acción a partir del gráfico

El propósito del gráfico no es solo identificar problemas, sino trazar un plan estratégico:

- **Potenciar la marca:** diseñar una identidad única basada en las cualidades del destino, utilizando *storytelling* para crear una conexión emocional.

- **Mejorar los servicios:** colaborar con los operadores locales para garantizar la disponibilidad y calidad constante.

- **Ampliar las atracciones:** desarrollar actividades secundarias que complementen la oferta principal.

- **Optimizar las infraestructuras existentes:** maximizar su uso y corregir deficiencias menores.

- **Rediseñar la comunicación:** implementar una estrategia 360 grados que emocione y motive a los potenciales turistas.

El error frecuente que silencia el éxito

Imagine un pequeño municipio que decide apostar por su crecimiento turístico. Sus líderes identifican un problema claro: la comunicación es débil, casi inexistente. Deciden actuar. Contratan a una agencia de marketing reconocida, invierten un presupuesto significativo y confían en que los resultados hablarán por sí solos.

El equipo contratado no decepciona en su ejecución. Las redes sociales de la localidad, que antes estaban vacías, ahora estallan de actividad: fotos hermosas de sus paisajes, vídeos impactantes y publicaciones diarias que destacan sus atractivos naturales. Pero no sus atractivos culturales ni emocionales. Las páginas web reciben un rediseño completo, adaptándose a las últimas tendencias. Incluso lanzan campañas publicitarias en múltiples plataformas, asegurándose de que el destino gana visibilidad.

85

Durante meses, el alcalde y su equipo revisan entusiasmados las publicaciones desde sus teléfonos. Sienten orgullo al ver su municipio bajo una nueva luz. Sin embargo, al cabo de un año, llega el momento de evaluar los resultados y lo que encuentran no es lo que esperaban.

La inversión ha sido alta, pero los seguidores en las redes sociales apenas han crecido. Las interacciones son escasas. Peor aún, las visitas al municipio no han aumentado significativamente. La sensación de fracaso se apodera del equipo y una pregunta inevitable flota en el aire: ¿qué salió mal?

El error fue estratégico. Se trabajó exclusivamente en una sola variable, la comunicación lineal, olvidando que el éxito turístico no es la suma de esfuerzos aislados, sino el resultado del equilibrio entre todas las variables. El pentágono estaba incompleto.

La comunicación no puede emocionar si no tiene algo auténtico que contar. Por más brillantes que sean las publicaciones, si no reflejan una marca sólida, una identidad clara y una historia que conecte, el impacto será superficial. Sin servicios que respalden las expectativas generadas ni infraestructuras que sustentan la experiencia, cualquier esfuerzo comunicativo se convierte en un castillo de arena, fácilmente arrastrado por la marea.

Para que la comunicación sea efectiva, debe surgir de la esencia del lugar. No basta con mostrar imágenes de playas; hay que contar la historia que late detrás de ellas: ¿qué sienten los vecinos al despertar frente al mar? ¿Qué secretos guarda el lugar que los turistas pueden descubrir? ¿Cómo conectar su cultura con los viajeros que llegan?

86   El camino del equilibrio

Imagínese de otra manera: ¿qué habría sucedido si, en lugar de centrarse solo en la comunicación, el proyecto hubiera comenzado con un análisis integral; si el equipo hubiera explorado la marca, desenterrando su identidad única, creando un relato auténtico que resonara en las emociones de los visitantes; si hubieran mejorado los servicios básicos, como restaurantes y alojamientos, asegurándose de que estuvieran listos para recibir a quienes respondieran al llamado de la campaña, o si hubieran comunicado dichos servicios, en el caso de que los tuvieran; si hubieran considerado cómo las infraestructuras podrían facilitar esa experiencia, desde caminos señalizados hasta puntos de información para turistas?

La comunicación, entonces, no habría sido un acto aislado, sino el reflejo de un ecosistema en equilibrio. Un dibujo lleno de formas, no líneas rectas, donde cada elemento se conectaría con el otro para contar una historia completa.

Una reflexión para el futuro

El error más común en el desarrollo turístico no es la falta de esfuerzo, sino la falta de equilibrio. Un destino no puede crecer trabajando solo una pieza del pentágono. Al igual que un turista busca experiencias integrales, los proyectos turísticos deben construir esas experiencias desde la raíz: una marca que inspire, servicios que respalden, infraestructuras que sostengan y comunicación que emocione.

La pregunta clave no es cuántas imágenes de playas puedes subir a Instagram, sino si esas imágenes cuentan una historia que los turistas quieren vivir. Un destino turístico es mucho más que un paisaje; es una promesa de emociones, conexiones y recuerdos. Y esa promesa solo se cumple cuando todas las variables trabajan juntas, en equilibrio.

El gráfico del perímetro del pentágono no es solo una herramienta técnica, es una ventana al futuro de un destino. Usarla es entender cómo transformar sueños en estrategias y estrategias en experiencias inolvidables. En este equilibrio, el turismo crece y trasciende.

87

4.2. La importancia del rol de la Administración pública

Instalaciones y barreras desde la Administración pública

En el desarrollo turístico de cualquier destino, la Administración juega un papel central. El municipio, con su ayuntamiento y grupo municipal, es la institución más cercana y con mayor capacidad de iniciativa que puede transformar la realidad local. Desde allí, es posible acceder a recursos y apoyos de niveles superiores, como la provincia, la comunidad autónoma o incluso la Unión Europea, en el caso de que el destino forme parte de este marco geopolítico.

Sin embargo, la activación de estos recursos no ocurre de manera automática. Todo comienza con la presentación de proyectos estratégicos, diseñados con claridad y propósito. Aquí es donde la estrategia del pentágono puede marcar la diferencia, recomendando dos líneas de acción clave para garantizar el éxito:

1. La búsqueda activa de ayudas y subvenciones

Las infraestructuras, servicios y atracciones necesitan recursos para crecer y consolidarse. Las subvenciones y ayudas, ya sean locales o internacionales, son una herramienta poderosa para asegurar la financiación necesaria. Pero esto requiere constancia: un esfuerzo permanente por identificar y gestionar las oportunidades disponibles.

2. La formación de un grupo de desarrollo turístico

Ningún proyecto turístico florece sin liderazgo ni colaboración. La estrategia sugiere la creación de un equipo sólido liderado por el alcalde, como figura clave, e integrado por concejales relevantes, representantes empresariales, vecinos y otros actores locales. Este grupo impulsará la ejecución de proyectos y gestionará las barreras que puedan surgir en el camino.

Un grupo cohesionado puede organizar eventos, revitalizar la marca local, generar unión vecinal y trabajar en alianzas externas que fortalezcan el turismo. Su objetivo no es solo implementar acciones, sino mantener el espíritu de innovación y sostenibilidad necesario para el crecimiento a largo plazo.

Las barreras del progreso

A pesar de las oportunidades, las barreras administrativas son frecuentes y, muchas veces, determinantes. Estas limitaciones suelen originarse en la falta de visión, recursos o voluntad política. Los obstáculos más comunes incluyen:

Resistencia al cambio: el miedo a lo desconocido o la falta de consenso dentro del grupo municipal pueden paralizar iniciativas transformadoras. La falta de percepción sobre la necesidad de un cambio impide el avance.

Restricciones presupuestarias: los municipios, especialmente los pequeños, operan con presupuestos limitados que apenas cubren las necesidades básicas. Sin una planificación estratégica, los proyectos turísticos quedan relegados.

Ausencia de liderazgo fuerte: un líder motivado y con visión, idealmente el alcalde, es esencial para superar resistencias y trazar un rumbo claro. Sin liderazgo, incluso las mejores ideas carecen de dirección.

Falta de un equipo integral: el liderazgo necesita el respaldo de un equipo comprometido y capacitado. Sin un grupo que crea en la turística y trabaje en conjunto para alcanzarla, los esfuerzos individuales pueden percibirse como imposiciones o iniciativas aisladas.

Oposición política interna: las divisiones políticas en el grupo municipal pueden dificultar la implementación de proyectos turísticos, ya sea por falta de consenso o por oposición a cambios impulsados por motivos partidistas. En estos casos, las negociaciones y la búsqueda de puntos en común son cruciales para avanzar.

Falta de ambición o desmotivación: los equipos municipales que llevan años en sus puestos pueden volverse contrarios a los cambios. En este caso, la renovación de ideas y la formación continua son esenciales para revitalizar la gestión y generar entusiasmo.

El rol estratégico de la Administración

89

A pesar de las barreras, la Administración pública puede convertirse en un catalizador del turismo cuando se trabaja con visión y compromiso. Es necesario integrar la estrategia del pentágono en los planos municipales, reconociendo que el éxito turístico no depende solo de grandes inversiones, sino del equilibrio entre las variables clave.

Una Administración proactiva, que combine liderazgo, recursos y participación comunitaria, puede convertir incluso a un pequeño municipio en un destino competitivo y sostenible. Este apartado es un recordatorio de que el desarrollo turístico no ocurre en el vacío: es una construcción colectiva donde la Administración pública es la piedra angular del progreso.

Turista potencial: la unión en la diversidad

En el vasto mundo del marketing turístico, la segmentación de mercado es una de las herramientas más exploradas y documentadas, desde la creación de avatares detallados que representan a los turistas ideales hasta la personalización extrema de mensajes mediante neuromarketing. Las estrategias de captación segmentada han sido fundamentales para diseñar campañas específicas que resuenen con diferentes públicos.

En este contexto, es esencial aclarar que la estrategia del pentágono no ignora la importancia de la segmentación, sino el abordaje desde una perspectiva distinta. Este modelo se enfoca en construir un destino robusto y equilibrado, donde las variables estructurales (Marca, Servicios, Atracciones, Infraestructuras y Comunicación) sean lo suficientemente sólidas como para atraer a diversos segmentos de manera orgánica. La clave no está en diferenciar los públicos desde el inicio, sino en encontrar los puntos en común que conecten a las personas con el destino.

Un destino estratégico diseñado a través de la estrategia del pentágono no busca adaptar su esencia a un segmento específico, sino construir una base que sea lo suficientemente flexible y atractiva para acomodar diferentes perfiles. Por ejemplo:

- Si una localidad comienza a recibir una afluencia considerable de turistas jóvenes, puede potenciar eventos culturales, festivales musicales o actividades nocturnas que se alineen con sus intereses.

- Por el contrario, si el perfil predominante son familias o personas mayores, el destino puede priorizar actividades más tranquilas, espacios accesibles y servicios adaptados.

La capacidad de adaptación es fundamental, pero esto debe ocurrir sobre una base sólida. La marca del destino, junto con las otras variables, debe ser lo suficientemente consistente para no perder su identidad mientras evoluciona para satisfacer a distintos públicos.

Mientras que las campañas segmentadas de marketing *online* y offline son herramientas clave para captar turistas específicos, estas no son el punto de partida de la estrategia del pentágono. La segmentación entra en juego una vez que el destino tiene una identidad clara y las variables estructurales están alineadas.

En este sentido:

- La segmentación es una acción táctica, destinada a maximizar el alcance y el impacto de un destino ya establecido.

- La construcción del destino es estratégica, centrada en diseñar un lugar que resista la prueba del tiempo y se adapte a las necesidades del presente y el futuro.

Por eso, el diseño del destino debe enfocarse primero en las características que lo hacen único y atractivo para una audiencia diversa. Una vez que el destino esté listo, las estrategias de segmentación permitirán amplificar su atractivo hacia públicos específicos.

En lugar de dividir a los turistas en nichos desde el inicio, la estrategia del pentágono trabaja sobre lo que une a los segmentos. Esto asegura que el destino no se limita a un perfil demográfico específico y sea capaz de evolucionar según las tendencias sin perder su esencia.

Con el tiempo, los propios turistas moldearán las características del destino. Su interacción con la localidad, su cultura y su entorno será la brújula que guiará las adaptaciones necesarias. La segmentación, entonces, no será una herramienta para definir el destino, sino para potenciarlo y adaptarlo según las demandas del mercado.

Conclusión

El análisis de las variables clave de la estrategia del pentágono permite visualizar las áreas críticas de un destino turístico y priorizar las intervenciones estratégicas necesarias. Al evaluar las variables (Marca, Atracciones, Servicios, Infraestructuras y Comunicación) de manera conjunta y representarlas gráficamente, los gestores o consultores turísticos obtienen una visión clara de los desequilibrios existentes y de cómo estos afectan el rendimiento general del destino.

Esta herramienta facilita la toma de decisiones y ayuda a identificar cuáles son las acciones más efectivas con los recursos disponibles. La capacidad de detectar rápidamente las áreas de mejora proporciona una ventaja competitiva, permitiendo que cada variable trabaje en sinergia con las demás para fortalecer la experiencia del visitante y la sostenibilidad del destino.

En definitiva, el análisis gráfico de la estrategia del pentágono es una representación visual y también una guía práctica y estratégica para alcanzar un equilibrio duradero y un desarrollo turístico eficiente.

4.3. Tips clave del perímetro del pentágono

1. **Analizar visualmente el equilibrio:** utilizar el gráfico del Perímetro del pentágono para evaluar de forma estructurada el estado y las relaciones entre las cinco variables clave del destino.

2. **Distinguir zonas de impacto:** interpretar las zonas del gráfico (positiva, negativa y de equilibrio) para identificar fortalezas y áreas que requieran intervención estratégica.

3. **Realizar diagnósticos específicos:** aplicar preguntas clave para evaluar cada variable, como la identidad de la marca, la calidad de los servicios, el mantenimiento de las infraestructuras y la efectividad de la comunicación.

4. **Entender la interacción de las variables:** reconocer que las variables del pentágono no funcionan de manera aislada, que el éxito de una depende de la sinergia con las demás.

5. **Priorizar intervenciones:** identificar y abordar las variables más críticas en primer lugar, priorizando aquellas con mayor impacto en el equilibrio general del destino.

6. **Integrar las fortalezas locales:** aprovechar las características únicas del destino como base para el desarrollo estratégico de las variables clave.

7. **Promover la sostenibilidad:** diseñar estrategias que equilibren el crecimiento turístico con el respeto al entorno y los recursos locales.

8. **Colaborar con la Administración pública:** trabajar junto con las instituciones para asegurar recursos, infraestructuras y proyectos que apoyen el desarrollo turístico.

9. **Evitar errores comunes:** no centrarse exclusivamente en una sola variable (por ejemplo, comunicación) sin abordar las demás, para evitar desequilibrios estructurales.

10. **Adaptar el plan a los recursos:** diseñar estrategias realistas y sostenibles que se adapten a las capacidades financieras y operativas del destino.

El gráfico del Perímetro del pentágono no es solo una herramienta visual, sino una brújula estratégica. Es fundamental utilizarlo para transformar los desafíos en oportunidades y alcanzar un equilibrio que haga de un destino una experiencia inolvidable.

93

4.4. Ejercicio práctico: simulación estratégica del impacto de las variables

Introducción

En este ejercicio aplicaremos la estrategia del pentágono a un destino turístico real o ficticio de su elección. Este enfoque permitirá explorar las cinco variables clave del modelo (Marca, Atracciones, Servicios, Infraestructuras y Comunicación) y diseñar un plan estratégico que potencie el destino seleccionado.

Tareas del ejercicio:

1. **Selección del destino:**

   • Escoger un destino para analizar. Puede ser real o ficticio.

2. **Investigación inicial:**

   - Realizar una investigación sobre el destino y recopilar información básica. Incluir detalles como su contexto geográfico, recursos turísticos principales y características distintivas.

3. **Análisis de las variables:**

   - Evaluar cada una de las cinco variables clave utilizando las preguntas guía del capítulo.

   - Representar gráficamente el estado actual de cada variable en el Perímetro del pentágono.

4. **Identificación de prioridades:**

   - Identificar las dos variables más críticas que necesiten intervención inmediata. Justificar la elección en función del análisis previo.

5. **Diseño del plan de acción:**

   - Establecer objetivos específicos para mejorar las variables seleccionadas.

   - Definir acciones concretas que puedan implementarse en un plazo de 12 meses, considerando que se dispone de recursos limitados.

6. **Resultados esperados:**

   - Describir cómo los cambios propuestos impactarán en el destino y qué resultados se esperan lograr a corto y mediano plazo.

Formato sugerido para la respuesta:

- Breve descripción del destino seleccionado

- Gráfico del Perímetro del pentágono con la evaluación inicial

- Justificación de las prioridades seleccionadas

- Plan de acción con objetivos, acciones y plazos

- Proyección de resultados

Propósito del ejercicio:

Este ejercicio está diseñado para desarrollar habilidades estratégicas, promover la investigación activa y aplicar los principios del pentágono en un contexto realista. Al personalizar la tarea según los intereses, se podrá profundizar en la teoría mientras se conecta con la práctica.

95

5. Turismo en clave estratégica

Historias que inspiran

5.1. Vigo: donde el Atlántico y la estrategia se encuentran
5.2. Puerto del Rosario: una joya en el Atlántico con potencial aún por despertar
5.3. Tips clave del capítulo: turismo en clave estratégica
5.4. Ejercicio práctico: comparativa estratégica y recomendaciones personalizadas

En el capítulo anterior profundizamos en el análisis estratégico de destinos turísticos utilizando la estrategia del pentágono, identificando cómo sus cinco variables fundamentales interactúan para crear un destino equilibrado y competitivo. Ahora, aplicamos ese enfoque a casos reales para ilustrar su implementación práctica. A través de los ejemplos de Vigo y Puerto del Rosario, exploraremos cómo estas ciudades han gestionado sus recursos, definido su identidad y se han enfrentado a desafíos específicos, destacando tanto sus logros como las áreas donde todavía pueden evolucionar. Este ejercicio refuerza los conceptos previamente abordados y ofrece una visión práctica y adaptable para el desarrollo de destinos turísticos en contextos diversos.

Nota aclaratoria:

Los análisis presentados en este capítulo, basados en los casos de Vigo y Puerto del Rosario, tienen como único propósito ilustrar la aplicación práctica de la estrategia del pentágono. Estas evaluaciones han sido desarrolladas a partir de investigaciones independientes y no pretenden ser exhaustivas ni representar la visión oficial de las localidades. Los destinos seleccionados han sido elegidos como ejemplos prácticos más que como evaluaciones definitivas, para demostrar cómo el método puede adaptarse a diferentes contextos turísticos.

Esta aproximación busca inspirar a gestores, estudiantes y profesionales del turismo, destacando fortalezas, áreas de mejora y oportunidades estratégicas. Más allá de los detalles específicos, la intención es ofrecer herramientas aplicables y reflexiones prácticas para abordar desafíos y transformar destinos.

Introducción

Imagina un mapa, pero no un mapa cualquiera, sino uno lleno de historias. Cada ciudad, cada pueblo, es un punto que guarda secretos, aciertos y desafíos en su camino hacia el éxito turístico. Algunos brillan como estrellas, atrayendo miles de visitantes con una estrategia clara y poderosa; otros, en cambio, parecen gemas escondidas, esperando ser descubiertos y pulidos. Este capítulo es un viaje a través de esas realidades, una exploración de cómo las localidades turísticas transforman sus recursos en experiencias inolvidables... o no.

Le invito a abrir una ventana a lugares como Vigo, donde el Atlántico y la Navidad se unen para crear un fenómeno que ilumina la ciudad y redefine su identidad; o Puerto del Rosario, una capital insular con un potencial inmenso que lucha por encontrar su lugar en el competitivo mercado turístico.

97

No solo hablaremos de lo que hacen estas localidades, sino de cómo lo hacen, y lo más importante, por qué funciona (o no). A través del enfoque de la estrategia del pentágono, se desentrañarán las claves del éxito o las trampas que frenan el desarrollo. Cada análisis, trabajado de forma personalizada, estará impregnado de historias reales, gráficas reveladoras y lecciones prácticas que puede, aplicarse a cualquier destino turístico.

Este capítulo no es un simple listado de características, sino una invitación a reflexionar, a aprender y a comprender cómo las estrategias turísticas pueden cambiar la vida de un lugar y de su gente. Al final de este recorrido, conocerá estos destinos y verá el turismo desde una perspectiva transformadora.

5.1. Vigo: donde el Atlántico y la estrategia se encuentran

Cuando María decidió visitar Vigo, no sabía lo que le esperaba. Había oído hablar de las islas Cíes, de la comida gallega y, sorprendentemente, de un alcalde que prometía «la Navidad más apoteósica del mundo». Curiosa, decidió que Vigo sería su próximo destino.

Al llegar, la ciudad la recibió con una postal perfecta: el Atlántico resplandecía bajo el sol y las estrechas calles del casco viejo olían a marisco fresco. Pero lo que más la sorprendió no fue lo que vio, sino cómo Vigo parecía tener una historia para contar en cada rincón, como si la ciudad misma hubiera planeado cada detalle de su experiencia.

Mientras paseaba, María se preguntaba cómo aquella ciudad de tamaño medio había logrado atraer tanto interés: ¿qué había detrás de esas campañas que hacían a Vigo competir con Londres o Nueva York en viralidad? Lo que descubrió fue un diseño estratégico impecable, un equilibrio que muchos destinos turísticos sueñan alcanzar.

El *storytelling* del alcalde

En el centro de esta estrategia estaba uno de los alcaldes más mediáticos de España. Cada noviembre, el espectáculo comenzaba mucho antes de que se encendieran las luces de Navidad. Declaraciones como «el muñeco de nieve más alto del planeta me pidió crecer y le di permiso» o «Nueva York mira a Vigo con envidia» llenaban titulares. Las cifras podrían ser absurdas o irreales —«6 millones de turistas diarios», declaraba el regidor—, pero el impacto estaba asegurado: Vigo estaba en boca de todos.

María no pudo evitar buscar vídeos de las luces navideñas antes de su visita. ¿Era realmente tan impresionante como decía el alcalde? Lo era. En tres meses, más de 300.000 turistas llegaron a Vigo para vivir un espectáculo que combinaba luces, música y una narrativa que convertía lo ordinario en extraordinario.

El análisis técnico

Detrás de la magia se escondía la estrategia, que se podía analizar a la perfección con la estrategia del pentágono. Vigo no era solo una ciudad con luces y playas, era un caso de estudio en equilibrio estratégico. Analicemos cómo sus variables se posicionan en este modelo:

Variable	Estado actual
Marca	Consolidada en torno al mar y la Navidad.
Atracciones	Diversidad (playas, cultura, gastronomía, Navidad).
Servicios	Alta calidad en infraestructura turística.
Comunicación	Disruptiva, viral y efectiva.
Innovación	Adaptación creativa a tendencias globales.

1. Marca

Vigo ha hecho del mar su identidad principal, respaldada por un eslogan sólido, «Navega Vigo», que conecta todas las ofertas turísticas. Desde lo urbano hasta lo gastronómico, la marca respira coherencia. La Navidad, como fenómeno viral, añade un pilar temporal a su marca, que extiende la relevancia más allá del verano.

Curva: se posiciona en el cuadrante positivo del pentágono, refleja una marca clara y bien ejecutada.

2. Atracciones

Vigo equilibra perfectamente sus atracciones primarias y secundarias. Las islas Cíes y las playas son el imán, pero el turismo urbano, cultural y gastronómico garantizan que cada visitante encuentre algo que disfrutar.

Curva: esta variable está sólidamente equilibrada, pero con margen para aumentar la diversidad de eventos fuera de temporada.

Recomendación clave: diseñar festivales de invierno, más allá de la Navidad, para mantener la atención en los meses más tranquilos.

3. Servicios

Las infraestructuras de Vigo —playas accesibles, hoteles diversos y transporte público eficiente— respaldan su atractivo. Sin embargo, María notó que, fuera de temporada alta y por la noche, la oferta disminuía notablemente.

4. Infraestructuras

Estado actual: Vigo cuenta con infraestructuras modernas y funcionales que respaldan su atractivo turístico. Su puerto deportivo, conexiones por carretera y aeropuertos cercanos garantizan la accesibilidad. Además, las playas están adaptadas para personas con movilidad reducida, lo que mejora su competitividad.

Curva de la variable: las infraestructuras también están en una posición positiva, con niveles sólidos de desarrollo.

5. Comunicación

El alcalde actual y su narrativa disruptiva han posicionado a Vigo como un referente de comunicación turística. La combinación de medios tradicionales y digitales asegura un alcance global. María quedó especialmente impresionada por los vídeos promocionales y las campañas que destacaban los diferentes tipos de turismo: «Un mar de cultura», «Un mar de noches».

Curva: la comunicación se encuentra en el pico más alto del pentágono, siendo el área más consolidada de la ciudad.

Recomendación clave: incorporar contenido generado por usuarios para diversificar la narrativa y conectar con audiencias más jóvenes.

El gráfico del pentágono actúa como una radiografía estratégica del destino. En el caso de Vigo, todas las variables están en la zona positiva, lo que refleja un equilibrio estratégico notable. Sin embargo, incluso dentro de esta zona positiva, el gráfico permite identificar áreas con mayor margen de mejora, como los servicios y las infraestructuras, que podrían optimizarse para alcanzar un nivel de excelencia comparable al de su comunicación.

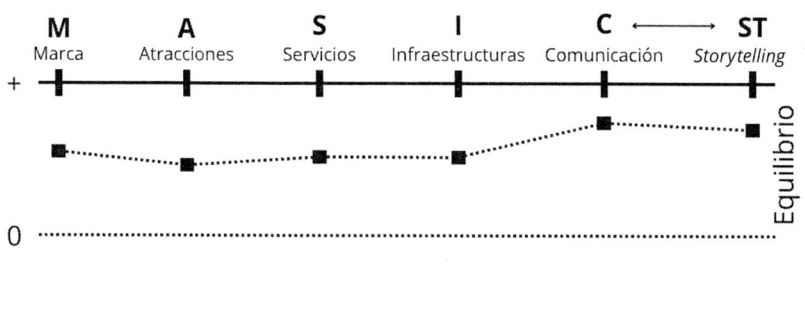

Conclusión: un ejemplo de equilibrio turístico

Cuando María regresó a casa, no podía dejar de hablar de Vigo. No era solo su belleza natural ni las luces navideñas; era la sensación de que la ciudad había sido diseñada para sorprenderla en cada momento.

La magia de Vigo radica en sus luces y en cómo estas despiertan emociones de asombro y alegría en los visitantes, creando recuerdos imborrables que conectan emocionalmente con la ciudad y fortalecen su identidad turística.

La estrategia del pentágono se adapta perfectamente a la estrategia general de Vigo: cada variable, desde la marca hasta los servicios, se entrelazan para crear una experiencia cohesiva e inolvidable.

La lección de Vigo es clara: el éxito no ocurre por casualidad, sino por estrategia. Su equilibrio no es solo un logro, sino un desafío continuo. Porque alcanzar el equilibrio es solo el principio; mantenerlo es el verdadero arte.

Mientras Vigo representa un ejemplo claro de cómo una estrategia bien ejecutada puede convertir a una ciudad en un referente turístico, Puerto del Rosario nos muestra un diamante en bruto, con las herramientas y el potencial necesario para alcanzar un equilibrio similar. Veamos cómo estas diferencias resaltan la versatilidad de la estrategia del pentágono.

5.2. Puerto del Rosario: una joya en el Atlántico con potencial aún por despertar

Puerto del Rosario, la capital de Fuerteventura, es un destino lleno de oportunidades. Con una ubicación estratégica, un puerto activo y un rico patrimonio cultural, la ciudad tiene los ingredientes necesarios para convertirse en un referente turístico. Sin embargo, su crecimiento está limitado por los desafíos en la comunicación de su marca y en el desarrollo de sus servicios e infraestructuras. A través de la estrategia del pentágono, analizaremos cómo se posiciona esta localidad y qué áreas necesitan atención estratégica.

Análisis de las variables del pentágono

1. Marca

Estado actual: Puerto del Rosario carece de una marca turística consolidada. Aunque es reconocida como la capital de Fuerteventura, no cuenta con un eslogan claro ni una narrativa que destaque sus atractivos únicos. Esto la hace poco competitiva frente a otras localidades de la isla, como Corralejo o Morro Jable, que sí han definido identidades claras basadas en el turismo de sol y playa.

Curva de la variable: La marca se encuentra en la zona negativa del pentágono, lo que indica la necesidad de crear una identidad clara y estratégica.

2. Atracciones

Estado actual: Puerto del Rosario tiene playas urbanas como Playa Chica y Playa Blanca, y un patrimonio cultural representado por el Museo de Unamuno y una colección de más de 150 esculturas al aire libre. Sin embargo, estas atracciones no están suficientemente integradas en una propuesta de valor coherente, y el turismo cultural y artístico sigue siendo subestimado.

Curva de la variable: Las atracciones están en un nivel moderado, pero podrían alcanzar el equilibrio positivo si se refuerzan las secundarias, como el arte y la gastronomía.

3. Servicios

Estado actual: Los servicios de Puerto del Rosario son limitados para un destino turístico. hay básicamente un único hotel de tres estrellas; la oferta gastronómica, aunque prometedora, no está adaptada a las necesidades de los turistas nocturnos; además, los cruceristas que llegan al puerto suelen abandonar la ciudad tras unas horas, dejando escapar oportunidades económicas.

Curva de la variable: La curva de servicios se encuentra en la zona negativa, lo que refleja una infraestructura insuficiente para soportar un flujo turístico constante.

4. Infraestructuras

Estado actual: Puerto del Rosario cuenta con un puerto en crecimiento y un paseo marítimo atractivo. Además, dispone del único aeropuerto de la isla. Sin embargo, sus infraestructuras turísticas no están completamente desarrolladas. La falta de hoteles y espacios especializados en actividades culturales limita su capacidad para atraer visitantes durante más de un día.

Curva de la variable: La variable Infraestructuras se encuentra en la zona negativa, muestra claros déficits, lo que dificulta la competitividad de la ciudad.

5. Comunicación

Estado actual: Aunque Puerto del Rosario cuenta con una página web, redes sociales y una aplicación móvil, su nivel de comunicación sigue siendo bajo. No hay campañas significativas que posicionen a la ciudad como un destino atractivo y el uso de *storytelling* es prácticamente inexistente.

Curva de la variable: La comunicación se encuentra en la zona negativa del pentágono, lo cual refleja la falta de una estrategia efectiva.

Si representamos las variables en un gráfico, observamos que Puerto del Rosario se encuentra desequilibrado. Aunque cuenta con un gran potencial en atracciones, carece de una marca definida, servicios robustos y comunicación efectiva. Las infraestructuras también necesitan un desarrollo significativo para sostener su crecimiento.

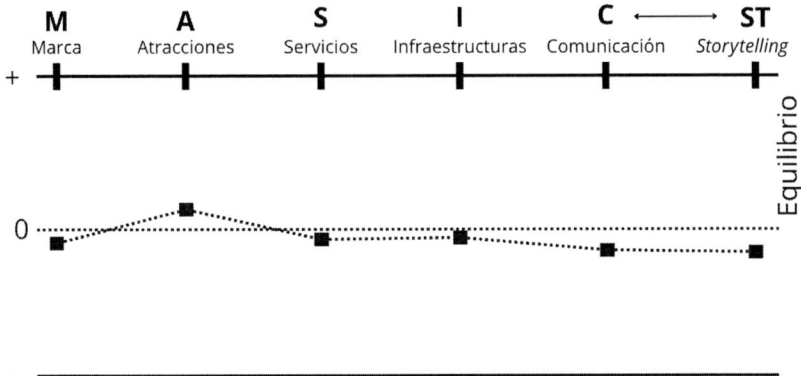

Puerto del Rosario es como un diamante en bruto: tiene todos los elementos necesarios para brillar, pero necesita una estrategia clara y un esfuerzo coordinado entre las autoridades locales, los empresarios y la comunidad. Si se implementan las recomendaciones planteadas, esta ciudad podría convertirse en un destino que combinase la riqueza cultural y artística con el turismo costero, ofreciendo algo único en el panorama de Fuerteventura.

En este contexto, le invito a adentrarnos en una aventura en la que desarrollemos una estrategia teórica, para que Puerto del Rosario sea una ciudad de referencia turística. ¿Viajamos juntos?

Un viaje hacia el potencial turístico de Puerto del Rosario

Imagínese llegar a una ciudad que aún no ha descubierto todo su brillo. Sus calles cuentan historias que esperan ser escuchadas, sus playas guardan secretos bajo el sol y su cultura se presenta como un tesoro olvidado por el tiempo. Puerto del Rosario es una de esas ciudades. Una alegría oculta en el Atlántico, cargada de posibilidades, pero que necesita algo más que voluntad para transformar su destino.

Aquí es donde comienza nuestro viaje. No es un simple análisis ni una descripción técnica: es una invitación a sumergirse en las soluciones estratégicas que pueden cambiar el rumbo de una localidad. Con la estrategia del pentágono como brújula, exploraremos cómo cada variable (Marca, Atracciones, Servicios, Infraestructuras y Comunicación) puede trabajar en equilibrio y armonía para construir algo extraordinario. Este método evalúa y propone caminos claros hacia el éxito, como un arquitecto que diseña el futuro sobre los cimientos del presente.

Este apartado no es para espectadores pasivos, sino para quienes creen que cada ciudad tiene el poder de transformarse; para quienes ven Puerto del Rosario no solo como un punto en el mapa, sino un lienzo listo para ser pintado con estrategia, creatividad y acción.

Al embarcarnos en este análisis, imagine las posibilidades: una ciudad vibrante que atrae a viajeros de todo el mundo, cuyas calles se llenan de vida y donde las historias locales se convierten en un imán turístico. Este es el momento de soñar en grande, pero también de actuar con precisión. Porque el turismo es una industria que enciende economías, transforma comunidades y redefine identidades.

¿Está listo para embarcarse en este viaje estratégico? Un mar de posibilidades nos espera. Puerto del Rosario está a punto de cambiar y nosotros seremos testigos y actores de su transformación. Comencemos.

105

1. Marca: definición y posicionamiento

Objetivo: crear una identidad única y memorable para diferenciarse de otros destinos de Fuerteventura.

Acciones estratégicas:

- **Desarrollo del eslogan y narrativa:** establecer un slogan, como «Puerto del Rosario: un mar de arte y cultura», que refuerce su identidad marítima y artística.

- **Campaña de *branding*:** diseñar una identidad visual moderna que incluya logotipo, colores y tipografías, integrando elementos que reflejen la cultura, el arte y el mar.

- **Activación de la marca:** organizar eventos emblemáticos, como un festival anual de arte contemporáneo al aire libre, que refuercen la identidad cultural y atraigan a medios de comunicación.

- **Colaboraciones estratégicas:** asociarse con artistas y escritores para posicionar la ciudad como un destino cultural, aprovechando el vínculo con Unamuno y el arte público.

Con estas acciones estratégicas realistas y alcanzables, la marca o identificación de marca se posicionará en la parte positiva del gráfico.

2. Atracciones: potenciación y diversificación

Objetivo: crear experiencias únicas y cohesivas que integren los atractivos existentes con nuevas propuestas.

Acciones estratégicas:

Rutas temáticas: diseñar rutas como:

- **Ruta del arte al aire libre:** recorrido guiado por las esculturas públicas, con actividades interactivas como realidad aumentada para explicar cada obra.

- **Camino de Unamuno:** ruta histórica que conecte el Museo Unamuno con espacios culturales y puntos relevantes de su legado.

Playas diferenciadas: promocionar Playa Chica como un destino familiar urbano y Playa Blanca como un lugar para deportes acuáticos, con infraestructura especializada.

Eventos culturales: crear un calendario fijo de eventos, como:

- Un festival internacional de escultura al aire libre

- Un ciclo de conciertos en la playa durante el verano

- Una feria gastronómica de mariscos y productos locales

Atracciones complementarias: introducir actividades como:

- Excursiones en barco desde el puerto para explorar la costa

- Mercados de arte y artesanía locales

Estas acciones estratégicas para potenciar las atracciones primarias y secundarias generarán identificación de marca y crecimiento paulatino pero constante de nuevos visitantes. El equilibrio de las variables está en línea con la estrategia del pentágono.

3. Servicios: mejora y expansión

Objetivo: garantizar que los servicios sean suficientes y estén alineados con las expectativas de los turistas.

Acciones estratégicas:

- **Incremento de alojamientos:** incentivar la construcción de pequeños hoteles *boutique* y apartamentos turísticos que ofrezcan experiencias personalizadas.

- **Paquetes para cruceristas:** crear experiencias de medio día para quienes visitan la ciudad durante unas horas, como recorridos culturales y gastronómicos rápidos.

- **Mejora de la oferta nocturna:** fomentar la apertura de bares y restaurantes con horario extendido, acompañados de espectáculos culturales nocturnos.

- **Turismo accesible:** adaptar completamente las playas, museos y rutas para personas con movilidad reducida, destacándolo como un valor diferencial en la comunicación.

Estas acciones estratégicas mejorarán los servicios y, con ello, las experiencias emocionales de los visitantes y los ciudadanos que viven en la propia ciudad. Estas acciones seguirán reforzando la marca de la ciudad.

107

4. Infraestructuras: modernización y optimización

Objetivo: asegurar que las infraestructuras respalden el crecimiento turístico planificado.

Acciones estratégicas:

- **Finalización del puerto deportivo:** priorizar la construcción y promoción del puerto deportivo para atraer turismo náutico y de lujo.

- **Centro cultural multifuncional:** crear un espacio que funcione como museo, galería de arte y centro de interpretación del patrimonio marítimo.

- **Accesos y movilidad:** optimizar el transporte público y las conexiones con el aeropuerto, incluyendo servicios de autobuses directos para turistas.

Las infraestructuras es la variable más compleja de trabajar, porque en general requiere de recursos económicos considerables, pero el desarrollo de las ciudades son planificaciones a largo plazo. Un plan estratégico claro y ambicioso servirá como guía para ir consiguiendo objetivos secundarios que acercarán a Puerto del Rosario a alcanzar el objetivo principal.

5. Comunicación: estrategias disruptivas

Objetivo: posicionar a Puerto del Rosario como un destino atractivo mediante campañas de marketing efectivas.

Acciones estratégicas:

- **Campañas digitales:** lanzar campañas en redes sociales con *hashtags* atractivos, como #PuertoDeArte #DescubrePuertoDelRosario, con contenido visual que destaque las playas, las esculturas y la gastronomía.

- ***Storytelling* local:** crear vídeos y blogs que narren historias de artistas locales y figuras históricas vinculadas a la ciudad.

- **Marketing experiencial:** organizar eventos donde los *influencers* puedan experimentar las rutas culturales, las playas y la gastronomía, lo que generará contenido viral.

- ***App* turística:** desarrollar una aplicación interactiva que ofrezca rutas personalizadas, eventos y recomendaciones en tiempo real.

- **Alianzas promocionales:** colaborar con aerolíneas y agencias de viaje para incluir a Puerto del Rosario en sus paquetes turísticos.

Plan de impacto a corto, medio y largo plazo

Para maximizar resultados, estas acciones deben implementarse de forma escalonada en un cronograma de trabajo:

Corto plazo (6-12 meses):

- Introducir el lema y comenzar la activación de la marca.

- Diseñar las rutas temáticas y promocionarlas digitalmente.

- Mejorar servicios básicos, como el horario extendido de los restaurantes.

Plazo medio (1-3 años):

- Finalizar el puerto deportivo y organizar eventos anuales de arte y cultura.

- Incentivar la construcción de alojamientos y diversificar las atracciones complementarias.

Largo plazo (3-5 años):

- Posicionar a Puerto del Rosario como un destino cultural de referencia en Canarias.

- Asegurar un flujo turístico estable durante todo el año mediante una oferta integral y sostenible.

109

¿Cómo nos podría quedar el gráfico?

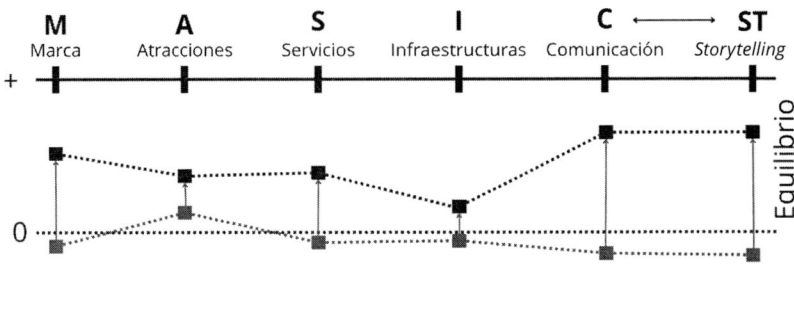

Si realizamos un análisis de las acciones estratégicas propuestas y de los escasos recursos que costaría la realización de muchas de ellas, nos daríamos cuenta de que es posible alcanzar ciertos objetivos que parecen imposibles a simple vista. Muchas veces no se trata de alcanzar lo imposible, sino de tener la visión del camino que nos conduce a ello. La estrategia del pentágono facilita esta visión estratégica.

Si ponemos el esfuerzo en la fase inicial en desarrollar una comunicación estratégica en equilibrio, comenzaremos a visualizar resultados positivos, al trabajar la imagen de la ciudad. Con ello, irá mejorando la percepción del destino, y con ello la inversión por parte de las Administraciones públicas competentes y la inversión privada.

Reflexión final

Puerto del Rosario no necesita competir directamente con los destinos más masificados de Fuerteventura; puede destacar como una alternativa rica en arte, cultura y autenticidad. Con estas acciones estratégicas, puede dejar de ser percibida como una ciudad de paso y convertirse en una joya turística imprescindible del Atlántico. El futuro de Puerto del Rosario depende de su capacidad para soñar en grande y actuar en consecuencia.

Hemos finalizado el viaje para llevar a Puerto del Rosario a la cima de ciudades turísticas reconocidas, esquivando el turismo de masas e introduciéndonos en una identificación de marca turística que relaciona el arte, la cultura y el mar. Esto generará más riqueza y crecimiento local, sin caer en los prototipos actuales que conllevan al turismo invasivo.

Todo lo que se ha trabajado aquí es un ejemplo teórico que nos ayuda a comprender aún más los contenidos de este libro. El desarrollo real de un plan estratégico de crecimiento y desarrollo turístico, donde se incluya un plan estratégico de comunicación, se enmarca en una propuesta mucho más profunda y extensa que la que se ha trabajado aquí, pero nos sirve de referencia práctica para futuros desarrollos turísticos.

Este capítulo demuestra que no importa el tamaño ni las limitaciones de un destino: con la estrategia adecuada, cada lugar puede descubrir su propio brillo. Vigo nos enseña el poder del equilibrio, mientras que Puerto del Rosario nos recuerda que todo potencial necesita una visión clara. La estrategia del pentágono evalúa destinos y crea puentes hacia un futuro transformador.

5.3. Tips clave del capítulo: turismo en clave estratégica

1. **Aprender del equilibrio:** observar cómo destinos como Vigo logran un equilibrio estratégico en las cinco variables del pentágono para destacar en el mercado turístico.

2. **Potenciar la identidad de marca:** diseñar una narrativa auténtica y memorable, como el enfoque de Vigo con su temática navideña o la oportunidad de Puerto del Rosario para posicionarse en torno al arte y la cultura.

3. **Diversificar atracciones:** integrar atracciones primarias y secundarias para garantizar una experiencia completa que mantenga a los turistas interesados durante toda su estancia.

4. **Desarrollar servicios robustos:** asegurar que los servicios básicos, como el alojamiento y la gastronomía, estén alineados con las expectativas y necesidades de los turistas.

5. **Optimizar infraestructuras:** invertir en conectividad y accesibilidad, como ha hecho Vigo con sus conexiones y Puerto del Rosario con su puerto y aeropuerto.

6. **Estrategias de comunicación disruptivas:** aprovechar campañas creativas y *storytelling* para posicionar el destino, inspirándose en ejemplos como el alcalde de Vigo y su narrativa mediática.

7. **Adaptarse a las oportunidades:** detectar las debilidades actuales, como en el caso de Puerto del Rosario, y convertirlas en fortalezas mediante estrategias bien planificadas.

8. **Aprender de otros destinos:** inspirarse en casos de éxito y adaptar las estrategias a las características únicas de cada localidad.

9. **Fomentar la sostenibilidad:** garantizar un desarrollo equilibrado y respetuoso con el entorno, asegurando la competitividad a largo plazo.

10. **Impulsar la colaboración local:** integrar a las comunidades y los actores locales.

112

Los ejemplos de Vigo y Puerto del Rosario nos muestran que cada destino tiene el potencial de brillar. Con las herramientas estratégicas adecuadas, es posible transformar cualquier lugar en una experiencia inolvidable.

5.4. Ejercicio práctico: comparativa estratégica y recomendaciones personalizadas

Objetivo:

Este ejercicio tiene como finalidad complementar lo aprendido mediante la comparación estratégica de dos destinos y la generación de recomendaciones adaptadas a sus características particulares. A través de este análisis, el lector reforzará su comprensión del método y desarrollará habilidades críticas para identificar patrones, contrastes y oportunidades en el desarrollo turístico.

Instrucciones:

1. **Repasar los análisis de Vigo y Puerto del Rosario**

   Lea con detenimiento las descripciones y gráficos de ambas ciudades presentados en este capítulo. Identifique las fortalezas, debilidades, oportunidades y amenazas de cada destino, teniendo en cuenta las cinco variables de la estrategia del pentágono.

2. **Realizar una comparativa estratégica**

   - Diseñe una tabla o gráfico que contraste las cinco variables para ambos destinos.

   - Señale en qué aspectos uno de los destinos sobresale en comparación con el otro y cuáles son los factores comunes que podrían ser aprovechados de manera conjunta.

3. **Proponer estrategias de mejora personalizadas**

   - Para Vigo, identifique al menos una recomendación por cada variable que le permita mantener su posición destacada y seguir innovando.

   - Para Puerto del Rosario, proponga una acción concreta por cada variable que permita superar sus principales limitaciones y consolidar su identidad como destino.

4. **Redactar un resumen estratégico**

   - Escriba un breve análisis sobre cómo cada destino puede aprender del otro para mejorar su competitividad. Considere cómo las fortalezas de Vigo podrían inspirar estrategias en Puerto del Rosario y viceversa.

5. **Reflexión personal**

   - ¿Qué ha aprendido al comparar estos dos destinos?

   - ¿Cómo se podría adaptar la estrategia del pentágono para evaluar destinos que no tengan las mismas características que Vigo o Puerto del Rosario?

Conclusión global de la primera parte: la estrategia del pentágono como base del desarrollo turístico equilibrado y respetuoso con su entorno.

Esta primera parte del libro ha sentado las bases de un modelo integral para el desarrollo turístico equilibrado: la estrategia del pentágono. A través de sus cinco variables (Marca, Atracciones, Servicios, Infraestructuras y Comunicación) hemos explorado cómo el equilibrio entre estos elementos es fundamental para que un destino sea competitivo, auténtico y memorable.

Hemos visto que estas cinco variables no operan de manera aislada, que su verdadero potencial surge cuando se trabaja su interdependencia y equilibrio. La falta de armonía entre ellas puede debilitar la propuesta de un destino, mientras que su alineación estratégica asegura un desarrollo sostenible, equilibrado y duradero.

La estrategia del pentágono es una herramienta de diagnóstico y también una hoja de ruta que guía a gestores y consultores turísticos, planificadores y líderes del sector en la creación de destinos sólidos, equilibrados y con una identidad clara.

Una vez comprendido el papel de las cinco variables en el desarrollo turístico, es momento de explorar cómo la comunicación y las nuevas tecnologías actúan como catalizadores para amplificar su impacto.

En la segunda parte, descubriremos cómo la comunicación estratégica, apoyada por la IA, puede transformar la forma en que los destinos turísticos se promocionan, interactúan con los visitantes y optimizan sus resultados. Desde narrativas emocionales hasta la medición de indicadores clave, la comunicación será la clave para llevar el equilibrio logrado al siguiente nivel.

Un destino equilibrado es un destino preparado para crecer. La comunicación estratégica y la tecnología son las herramientas que lo llevarán más lejos, más rápido y con mayor impacto.

► SEGUNDA PARTE

Diseño de comunicación estratégica + IA
Una nueva era al servicio del turista

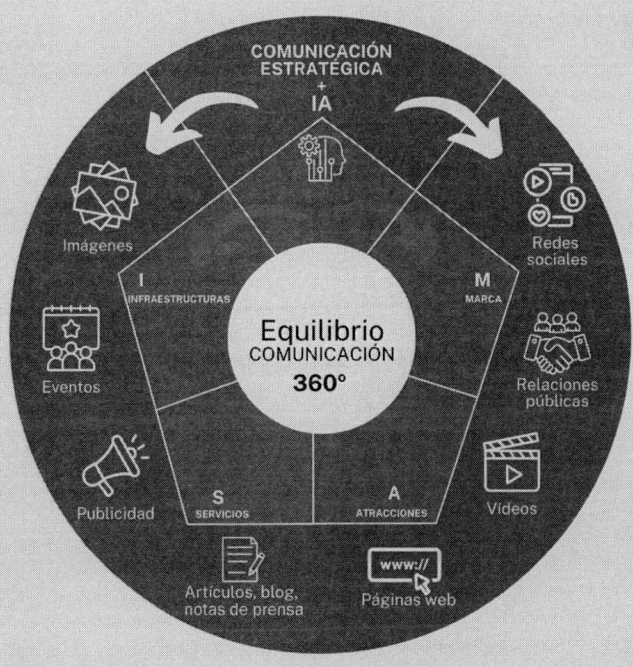

Introducción

El nuevo horizonte del turismo: comunicación estratégica y tecnología

En un mundo donde la competencia por la atención del viajero es feroz y las expectativas de los turistas evolucionan a un ritmo vertiginoso, el turismo se encuentra en una encrucijada transformadora. Ya no se trata solo de destinos con paisajes impresionantes o atracciones icónicas, sino de experiencias profundamente conectadas, memorables y personalizadas. En este escenario, la comunicación estratégica emerge como el puente que une las aspiraciones de los viajeros con las promesas de los destinos.

La estrategia del pentágono, presentada en la primera parte de este libro, proporciona un marco claro y estructurado para construir destinos turísticos equilibrados y sostenibles. Este modelo, basado en los cinco vértices clave (Marca, Atracciones, Servicios, Infraestructuras y Comunicación), establece una base sólida para diseñar y gestionar experiencias turísticas excepcionales. Sin embargo, la comunicación ocupa uno de estos vértices y es además el eje transversal que conecta y potencia cada una de las variables.

En esta segunda parte, se abordará cómo la tecnología y la IA actúan como catalizadores de esta comunicación estratégica. Desde la personalización masiva hasta la automatización de tareas, la IA amplifica la capacidad de los destinos para anticiparse a las necesidades de los visitantes, adaptar mensajes a culturas y emociones, y diseñar experiencias únicas que inspiran y conectan.

Visualizando el futuro del turismo

Imagine un destino que puede anticipar las necesidades de sus visitantes antes de que lleguen; una ciudad que, a través de datos y algoritmos, conoce qué historia contar para enamorar a su audiencia ideal; un parque temático donde cada experiencia está diseñada a medida gracias a la IA, o una pequeña aldea que transforma sus recursos limitados en un imán turístico global a través de una narrativa estratégica y bien comunicada. Estas son las posibilidades que se abren cuando la comunicación estratégica y la tecnología trabajan en armonía, alineadas con la estrategia del pentágono.

El futuro del turismo no es solo digital, sino profundamente humano. La tecnología y la IA no reemplazan la esencia del viajero, también la potencian, amplifican su capacidad de conectarse emocionalmente con un lugar y generar experiencias tan únicas como los individuos que las buscan. Esta es la magia de una comunicación estratégica alineada con el pentágono, donde cada mensaje encuentra su lugar perfecto en el equilibrio dinámico de las cinco variables.

Esta segunda parte del libro es una guía práctica para integrar tecnología y estrategia. Muestra cómo las herramientas modernas informan o persuaden y también inspiran y trascienden. Con ejemplos concretos, análisis detallados y recomendaciones aplicables, este capítulo invita a los gestores turísticos a liderar la transformación de sus destinos, convirtiendo la comunicación en el motor de un turismo sostenible, inclusivo y viral.

Bienvenido a la nueva era del turismo, donde la tecnología y la humanidad se encuentran para crear experiencias inolvidables.

117

1. El hilo del pentágono

Tejiendo el equilibrio estratégico

1.1. La esencia del equilibrio: uniendo las variables del pentágono

Podemos imaginar que un destino turístico es como una orquesta: cada elemento, como la Marca, las Atracciones, los Servicios, las Infraestructuras y la Comunicación, es un instrumento que toca su propia melodía; pero, sin un director que coordine, las notas se pierden y el resultado sería caótico. La comunicación estratégica es ese director: es el que guía, conecta y armoniza todos los elementos, transformando el conjunto en una experiencia inolvidable para el visitante.

La comunicación es mucho más que palabras, es la magia que se siente al observar un atardecer en Santorini, el escalofrío que recorre la piel al escuchar una leyenda maya mientras se explora Chichén Itzá, o la sensación de saber que en un aeropuerto como el de Singapur cada detalle está pensado y diseñado para potenciar la experiencia emocional. Es la conexión invisible pero poderosa que une todos los elementos, creando armonía y fluidez.

Sin este hilo conductor, el pentágono sería solo una figura estática; con él, se convierte en un sistema dinámico y equilibrado que eleva cualquier destino turístico de lo ordinario a lo extraordinario.

Marca: la promesa de una experiencia

Cada destino tiene una esencia, una promesa que lo define. Barcelona no es solo un destino, es además una invitación a vivir el arte, la historia y la cultura en cada esquina. Desde el vibrante Parc Güell, donde las formas coloridas de Gaudí parecen fundirse con la naturaleza, hasta la magia nocturna de Montjuïc, iluminada como un escenario que narra siglos de historia. La ciudad refuerza su promesa de ser mucho más que un lugar para visitar. Sus festivales, su gastronomía y los pequeños detalles, como los letreros que guían al Barrio Gótico o los códigos QR en monumentos que cuentan historias en varios idiomas, están diseñados estratégicamente para crear una conexión emocional profunda. Cada rincón de Barcelona comunica una experiencia cultural única, invitando al visitante a explorarla, a sentirla y recordarla para siempre.

Sin comunicación, la marca no vive. Y sin una marca fuerte, el turista no siente.

Atracciones: contar historias que conectan

Las atracciones turísticas no son solo espacios físicos, son relatos vivos que conectan profundamente con los visitantes. Machu Picchu, por ejemplo, no destaca únicamente por su majestuosidad arquitectónica, sino porque cada roca narra un pasado místico, un vínculo entre la naturaleza y una civilización avanzada que sigue fascinando a millones de personas.

119

De manera similar, en Zugarramurdi, un pequeño pueblo del País Vasco, el eco de antiguas leyendas de brujas se ha transformado en una simple cueva en un portal al misterio que atrae a quienes buscan experimentar algo más allá de lo convencional.

Este es el poder de la narrativa bien dirigida: convertir un lugar interesante en una experiencia inolvidable. No importa si se trata de las majestuosas ruinas de una civilización perdida o de una cueva escondida en un pueblo pequeño, lo que las hace únicas es cómo sus historias se conectan emocionalmente con quienes las visitan.

Servicios: comunicar lo invisible

¿Qué hace que un viajero se sienta bienvenido? No siempre son los grandes monumentos, sino los pequeños detalles. Servicios como un wifi gratuito en las plazas de Praga o un sistema de transporte eficiente en Tokio mejoran la experiencia y también comunican algo importante: «Aquí pensamos en ti».

Sin embargo, los servicios no se comunican solos; son las reseñas de turistas, los vídeos de YouTube de viajeros que muestran cómo usar el metro en Seúl y las aplicaciones de transporte público lo que hace que la experiencia sea sencilla. La comunicación convierte lo funcional en algo emocional.

En Islandia, la aplicación oficial Safe Travel informa sobre condiciones climáticas o cierres de rutas y también comunica un mensaje claro: «Queremos que disfrutes, pero, sobre todo, que estés seguro».

Infraestructuras: más allá de lo técnico

Las infraestructuras, a primera vista, parecen lo menos «emocional» de un destino; pero, cuando se comunican correctamente, se convierten en activos diferenciadores. El aeropuerto Jewel Changi en Singapur no es solo un lugar para pasar, es una atracción en sí misma. Su cascada interior y sus jardines comunican innovación, sostenibilidad y lujo, convirtiendo algo tan práctico como un aeropuerto en una experiencia.

En Noruega, las carreteras que serpentean entre fiordos y montañas, además de vías de transporte, son rutas escénicas que se comunican como «el camino hacia la naturaleza». Cada curva cuenta una historia, y cada señal refuerza el mensaje de respeto y conexión con el medio ambiente.

El equilibrio: la orquesta perfecta

Cuando cada variable del pentágono está en equilibrio, el turista no lo nota, simplemente lo siente. Sabe que ha llegado a un lugar donde todo fluye. Esa sensación de armonía es el resultado de una comunicación estratégica que une las piezas:

121

- La Marca atrae al viajero.

- Las Atracciones le convencen de quedarse.

- Los Servicios lo hacen sentir cuidado.

- Las Infraestructuras lo conectan.

- Y la Comunicación, como un director de orquesta, asegura que cada nota esté en su lugar.

En esto tejido, la IA juega un papel crucial. Es la herramienta que permite personalizar la experiencia del turista, anticipar sus necesidades y conectar las variables del pentágono en tiempo real. Desde asistentes virtuales en aplicaciones hasta algoritmos que diseñan campañas personalizadas, la IA lleva la comunicación a un nivel de precisión que antes era impensable.

No pensemos en el pentágono como una figura estática, sino como un móvil colgante que se mueve con el viento. Cada lado influye en los otros y la comunicación es el eje central que lo mantiene en equilibrio. Este es el poder del hilo del pentágono: transformar destinos en experiencias vivas, conectadas y profundamente humanas.

1.2. Todo comunica: principios para una narrativa coherente

Si todo comunica, cada elemento de un destino turístico, desde sus playas hasta sus senderos rurales, desde su gastronomía hasta sus infraestructuras, tiene el poder de transmitir un mensaje. Pero ¿cómo asegurarnos de que cada uno de estos elementos hable el mismo idioma? La clave está en la integración estratégica: crear una narrativa coherente donde cada aspecto del destino refuerce su identidad y contribuya al equilibrio general.

Canarias, un paraíso de diversidad natural y cultural, es el ejemplo perfecto de cómo integrar mensajes en todos los aspectos de un destino turístico. Desde la calidez de sus playas hasta la autenticidad de sus pequeños pueblos, todo debe comunicar de forma estratégica para atraer, conectar y fidelizar a los visitantes.

Principios fundamentales de la comunicación estratégica

1. **Claridad:** el mensaje central debe ser claro. Cada destino debe tener un mensaje central que defina quién es y qué ofrece. Esto no significa simplificar, sino destilar la esencia del lugar en una frase o idea que conecte emocionalmente.

   Ejemplo: El Hierro, «Isla Sostenible»
   El Hierro se posiciona como un ejemplo de turismo sostenible. Desde sus iniciativas energéticas 100 % renovables hasta su gastronomía basada en productos locales, todo comunica un compromiso con el medio ambiente. Los mensajes son claros: aquí los viajeros pueden experimentar la naturaleza sin dañarla.

2. **Coherencia:** todos los elementos hablan el mismo idioma. La coherencia asegura que no haya contradicciones entre lo que se comu-

nica y lo que se vive en el destino. Si un lugar se presenta como un refugio natural, cada aspecto debe reforzar esa promesa, desde la señalización hasta las infraestructuras.

Ejemplo: La Graciosa
Esta pequeña isla se ha promocionado como un lugar «donde el tiempo se detiene». La ausencia de carreteras pavimentadas, el transporte en bicicleta y las casas blancas con detalles azules refuerzan esa sensación de simplicidad. Nada rompe con la narrativa de tranquilidad absoluta.

3. **Relevancia:** hablar directamente a las expectativas del visitante. El mensaje debe resonar con lo que los turistas buscan. No se trata solo de lo que el destino ofrece, sino de cómo lo presenta como una solución a las aspiraciones de los viajeros.

   Ejemplo: Tenerife y el turismo estelar
   Tenerife ha posicionado su Parque Nacional del Teide como uno de los mejores lugares del mundo para observar las estrellas. La narrativa conecta con viajeros que buscan experiencias únicas y tranquilas, como caminatas nocturnas y observatorios astronómicos.

4. **Autenticidad:** mostrar la verdad del destino. Los turistas buscan autenticidad, algo único que no puedan encontrar en ningún otro lugar. Esto implica comunicar aquello que hace al destino especial sin adornarlo excesivamente.

   Ejemplo: Agüimes, Gran Canaria
   Este pueblo, con su arquitectura tradicional canaria y su rica historia cultural, se presenta como «el auténtico corazón de Gran Canaria». La comunicación se apoya en sus festivales (como el belén viviente), y en su gastronomía (como los quesos y los vinos locales), para mostrar una autenticidad palpable.

5. **Emoción:** crear conexiones significativas. Las decisiones de los viajeros son guiadas por emociones. Un mensaje debe inspirar, emocionar y, en última instancia, motivar la acción.

123

Ejemplo: Lanzarote, «Tierra de fuego y arte»
Lanzarote ha sabido comunicar su relación con los paisajes volcánicos y el legado artístico de César Manrique. Las emociones que despiertan sus paisajes extraterrestres y sus espacios culturales invitan a los turistas a formar parte de una historia que combina naturaleza y arte.

Integrar mensajes en cada aspecto del destino

- **Infraestructuras que hablan:** las infraestructuras deben ser funcionales y también comunicativas. En un destino como Santa Cruz de Tenerife, las modernas instalaciones del Auditorio de Tenerife reflejan la innovación y comunican el compromiso de la ciudad con la cultura y la modernidad.

- **Atracciones que conectan:** atracciones como las dunas de Maspalomas en Gran Canaria deben presentarse como un paisaje espectacular; su comunicación debe incluir mensajes de conservación ambiental, que conecte al visitante con la importancia de proteger estos ecosistemas únicos.

- **Servicios que generan confianza:** los servicios turísticos, como el transporte en La Palma, no deben limitarse a ser eficientes. Los taxis turísticos de esta isla ofrecen rutas guiadas que comunican la historia volcánica, la gastronomía local y los secretos culturales de «la Isla Bonita».

- **La Marca como faro:** la Marca debe actuar como un eje que conecte todos los elementos. Fuerteventura, con su eslogan *«Feel the Silence»*, promueve sus playas, también la desconexión y la tranquilidad que ofrece su entorno.

La tecnología y la comunicación integral

La IA y las herramientas digitales permiten reforzar cada uno de estos principios. Por ejemplo:

- Los turistas que visitan Lanzarote reciben recomendaciones personalizadas basadas en su ubicación mediante aplicaciones móviles.

- En El Hierro, los asistentes virtuales proporcionan información sobre eventos locales y rutas sostenibles, alineados con su identidad de «isla sostenible».

Cada detalle comunica, y cada mensaje, cuando es claro, coherente, relevante, auténtico y emocional, contribuye a crear un destino inolvidable. En Canarias, cada isla es un lienzo único, y la comunicación estratégica permite que los paisajes, servicios, infraestructuras y emociones se conviertan en una narrativa poderosa que atrae y conecta. Porque, al final, cuando todo comunica, todo inspira.

Conclusión

La estrategia del pentágono establece un marco equilibrado para el desarrollo de los destinos turísticos y también convierte la comunicación estratégica en su eje conductor. Este capítulo ha explorado cómo los mensajes bien diseñados conectan los vértices del pentágono, tejiendo una red que equilibra marca, atracciones, servicios, infraestructuras y comunicación. Cuando todo se comunica de forma alineada, el destino logra proyectar una identidad auténtica y coherente, creando experiencias memorables y sostenibles para los visitantes.

125

1.3. Tips clave del capítulo: el hilo del pentágono

1. **Visualizar el equilibrio estratégico:** comprender que el pentágono es un sistema dinámico, donde la comunicación actúa como el director que armoniza las variables (Marca, Atracciones, Servicios, Infraestructuras y Comunicación) para ofrecer una experiencia memorable.

2. **Fortalecer la marca:** diseñar una promesa clara y emocional que capture la esencia del destino, asegurándose de que todos los elementos refuercen esta identidad.

3. **Narrar historias únicas en las atracciones:** convertir los espacios físicos en relaciones vivenciales que conecten emocionalmente con

los visitantes, destacando su singularidad y relevancia histórica o cultural.

4. **Comunicar lo funcional en servicios:** hacer visibles los detalles que mejoran la experiencia del turista, utilizando estrategias comunicativas para destacar la atención al visitante y la personalización.

5. **Revalorizar las infraestructuras:** posicionar elementos prácticos, como aeropuertos o carreteras, como activos diferenciadores, mediante una narrativa que resalte la innovación, la sostenibilidad o el diseño.

6. **Mantener la coherencia:** asegurarse de que cada mensaje, desde el diseño de infraestructuras hasta la oferta cultural, refuerce una narrativa unificada y auténtica.

7. **Incorporar emoción en la estrategia:** diseñar mensajes que inspiren y conecten emocionalmente con los turistas, motivándolos a visitar y recomendar el destino.

8. **Usar tecnología como aliada:** implementar herramientas digitales e IA para personalizar la experiencia del visitante, desde recomendaciones en tiempo real hasta asistentes virtuales que anticipen necesidades.

9. **Adoptar los principios de comunicación estratégica:** enfocarse en la claridad, coherencia, relevancia, autenticidad y emoción para integrar los mensajes en cada aspecto del destino.

10. **Diagnosticar para avanzar:** realizar evaluaciones regulares de cada variable de la estrategia del pentágono para identificar fortalezas, áreas de mejora y priorizar recursos estratégicamente.

Cuando el equilibrio entre las variables del pentágono se une a una comunicación estratégica efectiva, un destino deja de ser un lugar estático para convertirse en una experiencia viva e inolvidable. ¡Descubre el potencial de transformar tu destino con estas herramientas!

1.4. Ejercicio práctico: diagnóstico estratégico del destino turístico

Instrucciones

Evalúe cada variable de la estrategia del pentágono respondiendo a las siguientes preguntas clave. Marque la respuesta en la tabla y, en la columna de observaciones, detalle los aspectos que considera fortalezas o áreas de mejora. Esto permitirá identificar los puntos de alineación y las oportunidades para ajustar la estrategia.

Tabla de verificación

Variable	Pregunta clave	Sí/No	Observaciones	Acción propuesta
Marca	¿La identidad del destino es clara y coherente en todos los canales?		Ejemplo: El eslogan no conecta con las emociones deseadas.	Rediseñar el eslogan para reflejar la esencia del destino.
Atracciones	¿Las historias que contamos reflejan la esencia del destino y conectan emocionalmente con los visitantes?		Ejemplo: Las historias de las atracciones son genéricas y no destacan su carácter único.	Incluir narrativas locales auténticas y más visuales.
Servicios	¿Los servicios están diseñados para satisfacer las necesidades del visitante y mejorar su experiencia?		Ejemplo: Falta información accesible sobre transporte público.	Crear una guía interactiva para transporte en el destino.
Infraestructuras	¿La infraestructura apoya la funcionalidad y se alinea con la imagen del destino?		Ejemplo: Los puntos de acceso Wi-Fi no son suficientes para los visitantes internacionales.	Incrementar la cobertura de Wi-Fi en áreas estratégicas.
Comunicación	¿Los mensajes comunicados son claros, relevantes, auténticos y emocionantes?		Ejemplo: Las campañas actuales no reflejan los valores de sostenibilidad del destino.	Desarrollar campañas que destaquen las iniciativas ecológicas del destino.

127

Cómo utilizar la herramienta:

1. Revise cada variable y responda sí o no según el estado actual del destino que vaya a evaluar.

2. En la columna de observaciones, anote detalles específicos que respalden la respuesta.

3. Una vez completada la tabla, identifique las variables con más respuestas negativas para priorizar los ajustes en la estrategia.

Ejemplo:

Para la variable «Atracciones», pregúntese:

¿Las historias que contamos reflejan la esencia de nuestro destino?

¿Las narrativas utilizadas conectan emocionalmente con los visitantes?

Si la respuesta es negativa, considere acciones como incluir narrativas más auténticas o reforzar la comunicación visual en el sitio.

Objetivo

Este diagnóstico permitirá identificar qué variables del pentágono, en relación con la comunicación, necesitan ajustes para alinearse mejor con los objetivos estratégicos del destino. Al completar la tabla, priorice las áreas con más respuestas negativas y enfoque los recursos en soluciones prácticas y medibles.

128

2. Marca y narrativa estratégica

Cómo la narrativa fortalece la marca

2.1. Construyendo una identidad única: el arte de crear marcas memorables
2.2. IA en *branding:* diseñando identidades visuales y mensajes optimizados
2.3. Tips clave del capítulo: marca y narrativa estratégica
2.4. Ejercicio práctico: construcción de la identidad y la narrativa del destino

Tras comprender cómo la comunicación actúa como hilo conductor en la estrategia turística, pasamos a explorar uno de sus pilares fundamentales: la narrativa de marca. Una marca fuerte define la identidad de un destino y conecta emocionalmente con los visitantes.

La narrativa de marca es el corazón que da vida a un destino turístico. No se trata solo de un logotipo o un eslogan, sino de una historia que inspira y conecta. Una narrativa bien construida transforma un lugar en una experiencia inolvidable para los viajeros, creando un vínculo que perdurará más allá del viaje.

129

2.1. Construyendo una identidad única: el arte de crear marcas memorables

Pensemos en una persona, en una cálida mañana de verano, que está explorando destinos desde su sofá. Mientras se desliza entre páginas llenas de opciones, destaca una imagen: montañas verdes abrazando el cielo, costas salvajes acariciadas por el Cantábrico y un eslogan que dice: «Asturias, Paraíso Natural». En ese instante, el viajero siente la brisa fresca, el aroma de la sidra recién escanciada y la promesa de desconexión en un refugio donde la naturaleza es protagonista. Esa conexión emocional, instantánea y poderosa es el alma de una marca memorable.

En un mercado donde miles de destinos compiten por la atención, una identidad única es imprescindible. Una marca bien construida atrae visitantes y establece un vínculo duradero. Es, además de un logotipo o un eslogan pegajoso, una promesa que captura el espíritu del lugar, conecta con los deseos del viajero y transforma un destino en una experiencia inolvidable.

Los tres pilares de una marca memorable

1. **Conexión emocional: inspirar al viajero**
   La esencia de una marca turística reside en su capacidad de tocar emociones. Por ejemplo, Lanzarote no solo es una isla, es el legado de César Manrique, un lugar donde arte y naturaleza se fusionan. Cada paisaje volcánico, cada rincón diseñado por Manrique, cuenta una historia que invita a los visitantes a sumergirse en algo más grande que ellos mismos.

2. **Coherencia visual: dejar una impresión imborrable**
   La identidad visual refuerza la narrativa de una marca. Desde un logotipo distintivo hasta una paleta de colores representativa, cada elemento visual debe transmitir el carácter del destino. El uso de tonos verdes y azules en marcas de destinos naturales como Asturias evoca tranquilidad y conexión con el medio ambiente, facilitando el reconocimiento y grabación de la marca en la mente del viajero.

3. **Autenticidad: contar historias reales**
   Los viajeros modernos buscan experiencias auténticas. La historia de un pequeño pueblo en los Pirineos, que preservó su arquitectura y sus tradiciones, o la magia del flamenco en Sevilla, son ejemplos de cómo una narrativa genuina puede elevar la percepción de un lugar. Estas historias, cuando se comunican estratégicamente, se convierten en un destino y en un lugar único e irresistible.

El papel de la estrategia del pentágono

La marca de un destino no existe en aislamiento, es el reflejo del equilibrio entre sus fortalezas. La estrategia del pentágono actúa como brújula estratégica, conectando la identidad del lugar con sus principales atributos: la oferta de atracciones, la calidad de los servicios, la funcionalidad de las infraestructuras y la comunicación estratégica. Una marca memorable debe ser coherente con lo que los turistas experimentarán en su viaje, logrando que la promesa inicial se cumpla a lo largo de toda la experiencia.

Crear una marca turística, además de un ejercicio creativo, es una estrategia poderosa. Es la diferencia entre ser una opción más en la lista o ser la opción en la mente del viajero. La clave está en capturar la esencia del destino, destacando aquello que lo hace único y presentándolo de manera que resuene emocionalmente con los visitantes.

Las marcas turísticas más exitosas posicionan un destino y lo transforman en un lugar que los viajeros desean experimentar, recordar y compartir. Este es el verdadero poder de una narrativa de marca estratégica.

Estrategias para crear marcas turísticas memorables

1. **Definir la esencia del destino:** identificar y resaltar los elementos que hacen único al lugar, como su cultura, historia, gastronomía y paisajes. Esto crea una imagen auténtica que atrae a los turistas.

2. **Desarrollar una identidad visual coherente:** diseñar un logotipo distintivo, seleccionar una paleta de colores representativa y crear eslóganes que reflejen la personalidad del destino. Esta coherencia visual facilita el reconocimiento y la grabación de la marca.

3. **Crear una narrativa atractiva:** contar historias que conecten emocionalmente con el público, destacando las experiencias únicas que ofrece el destino. Una narrativa bien construida puede transformar un lugar en una aventura que los viajeros desean experimentar.

4. **Involucrar a la comunidad local:** integrar a los residentes en la promoción del destino, mostrando su estilo de vida y sus tradiciones. Esto añade autenticidad y profundidad a la marca, haciendo que los visitantes se sientan parte de la comunidad.

5. **Utilizar el marketing de contenidos:** generar material relevante y atractivo, como blogs, vídeos y publicaciones en las redes sociales que resalten las particularidades del destino y mantengan el interés de los potenciales visitantes.

Ejemplos reales en España

- **Islas Canarias:** han desarrollado una marca turística que destaca su clima privilegiado, diversidad natural y riqueza cultural. Utilizan eslóganes como «las Islas Afortunadas» para enfatizar su atractivo único.

- **Paradores de turismo:** esta red de hoteles en edificios históricos ha creado una marca que combina patrimonio y lujo, ofreciendo experiencias únicas en lugares emblemáticos de España. Su identidad se basa en la autenticidad y la calidad, con lo que atraen a turistas que buscan una inmersión cultural profunda.

En resumen, la construcción de una marca turística memorable requiere una profunda comprensión de la identidad del destino y la capacidad de comunicarla de manera que resuene emocionalmente con los viajeros. Al aplicar estas estrategias, es posible crear una marca que atraiga visitantes y también deje una impresión duradera en su memoria.

2.2. IA en *branding*: diseñando identidades visuales y mensajes optimizados

En el pasado, la creación de una marca turística dependía únicamente de la creatividad y la experiencia humana; pero, en la era digital, la IA se ha convertido en un aliado poderoso que amplifica el proceso, combinando datos y diseño para crear identidades y mensajes que conectan directamente con las emociones de los viajeros.

La IA optimiza lo visual y lo comunicativo y también transforma cómo los destinos turísticos interactúan con sus visitantes, desde el diseño de logotipos impactantes hasta campañas personalizadas que hablan directamente al corazón de cada audiencia. Este capítulo explora cómo la tecnología potencia la creatividad, permitiendo que incluso los destinos más pequeños compitan en un mercado global.

Creando identidades visuales potenciadas por IA

La IA ha revolucionado la manera en que se diseñan las identidades visuales en el sector turístico, combinando creatividad con un análisis basado en datos, para garantizar que cada elemento visual se conecte emocionalmente con el público objetivo. Este enfoque mejora la calidad del diseño y también asegura que los mensajes sean coherentes con la esencia del destino y resuenen profundamente con los viajeros.

Imaginemos un destino costero como Cudillero en Asturias, conocido por sus casas coloridas que se alinean frente al mar y su rica cultura pesquera. La IA podría analizar qué colores evocan emociones positivas y generan una mayor conexión con los visitantes potenciales. Por ejemplo, tonos azulados y verdes, asociados con el océano y la naturaleza, los cuales podrían destacarse como los más efectivos para transmitir la serenidad y autenticidad del lugar.

Con esta información, las herramientas basadas en el aprendizaje automático pueden generar logotipos y elementos visuales que reflejen la identidad única de Cudillero. Un logotipo que combina la silueta de las casas coloridas con ondas de agua estilizadas, por ejemplo, reforzaría la autenticidad del destino y también optimizaría su atractivo, al capturar su esencia visual de manera directa.

133

Además, la IA permite probar múltiples diseños en plataformas digitales antes de su lanzamiento, midiendo cuál genera una mayor interacción o recuerdo entre el público. De este modo, cada elemento visual es creativo y también altamente efectivo, ayudando a los destinos turísticos a destacar en un mercado competitivo.

A continuación, explicaremos cómo se aplican estas herramientas en tres etapas fundamentales: el análisis de audiencias y tendencias, la generación de diseños personalizados, y las pruebas y ajustes en tiempo real.

1. **Análisis de audiencias y tendencias**
   La IA aporta un valor significativo al análisis de audiencias y tendencias, replicando tareas humanas y superándolas en velocidad, alcance y precisión. Su capacidad para procesar grandes volúmenes de datos en tiempo real, identificar microtendencias emergentes y

eliminar sesgos humanos permite obtener *insights* más profundos y objetivos. Además, la IA optimiza continuamente las estrategias, midiendo el impacto de las decisiones visuales y ajustándolas dinámicamente. Por ejemplo, un destino natural puede utilizar IA para analizar millones de imágenes en redes sociales y descubrir qué colores, estilos y formas generan mayor conexión emocional según perfiles demográficos específicos. Esto permite crear identidades visuales personalizadas y dinámicas que evolucionan con las preferencias del público, posicionando al destino de manera más efectiva y adaptada a las tendencias globales.

2. **Generación de diseños personalizados**
   Tomando como base el análisis previo, las herramientas de aprendizaje automático pueden sugerir logotipos y diseños que capturan la esencia del destino. Poniendo el ejemplo anterior de Cudillero, podría integrar sus casas coloridas y el entorno marítimo en una propuesta visual que refuerce su autenticidad y atractivo turístico.

3. **Pruebas y ajustes en tiempo real**
   Una de las ventajas clave de la IA es su capacidad para probar múltiples versiones de un diseño en plataformas digitales y medir su impacto en tiempo real. Este proceso se realiza mediante pruebas A/B automatizadas, donde se presentan diferentes versiones de un diseño (con variaciones en colores, tipografía, composición, etc.) a distintos segmentos del público. La IA analiza métricas, como tasas de clics, tiempo de permanencia, conversiones y comentarios, para determinar qué versión genera mayor interacción. A partir de los resultados, ajusta elementos del diseño de forma dinámica, optimizando su efectividad para maximizar el *engagement* y la respuesta emocional del público objetivo. Este ciclo de prueba, aprendizaje y ajuste permite una evolución continua de las estrategias visuales.

Diseñando mensajes que conectan: IA en la comunicación

La IA ha transformado la manera en que los destinos turísticos diseñan y optimizan sus mensajes promocionales, permitiendo que sean más personalizados, emocionales y efectivos. En lugar de depender únicamente de la intuición, la IA analiza datos y patrones en tres etapas clave: redacción basada en datos, segmentación personalizada y optimización continua.

Siguiendo con el mismo ejemplo, un eslogan como «Cudillero: el rincón donde el mar canta» puede ser probado en diferentes plataformas digitales para medir su impacto emocional. Si genera menos interacción de lo esperado, la IA puede ajustar el tono o las palabras para maximizar su eficacia, asegurando que cada mensaje conecte con las emociones y aspiraciones del público.

Diseñar mensajes efectivos en el ámbito turístico no es solo informar; se trata de inspirar, conectar y motivar a los viajeros. La IA permite llevar este proceso a un nivel completamente nuevo, optimizando cada detalle del mensaje para que resuene emocionalmente con las audiencias. A continuación, exploramos cómo la IA potencia esta creación de mensajes a través de tres etapas clave: la redacción basada en datos, la segmentación personalizada y la optimización continua.

1. **Redacción basada en datos**

La IA analiza patrones lingüísticos, culturales y de comportamiento para diseñar mensajes que informan e inspiran. Para analizar el mismo ejemplo de Cudillero en Asturias, con el eslogan «El rincón donde el mar canta» resuena más con los turistas interesados en destinos tranquilos, mientras que otro eslogan más general puede no generar el mismo impacto. Esta capacidad de afinar mensajes asegura que cada palabra tenga el mayor efecto posible.

135

Aplicaciones reales

VisitScotland ha implementado el uso de IA para analizar datos y comprender los patrones de comportamiento de los turistas. Esta estrategia permite gestionar la afluencia en destinos populares y promover alternativas menos concurridas, mejorando la distribución regional y estacional de visitantes.

Además, la organización está explorando el desarrollo de un planificador de itinerarios impulsado por IA en su sitio web. Este sistema sugeriría opciones de viaje personalizadas basadas en los intereses específicos de los usuarios, optimizando la experiencia del visitante y atrayendo a un público más amplio.

Estas iniciativas reflejan el compromiso de VisitScotland con la innovación tecnológica para adaptar su contenido promocional según los intereses detectados en los usuarios, como actividades al aire libre o turismo gastronómico. Al analizar las búsquedas y el comportamiento en línea, ajustan sus mensajes para atraer a más visitantes de manera efectiva.

Tripadvisor ha implementado IA para mejorar la experiencia del usuario, mediante la personalización de recomendaciones y contenido. Su objetivo es desarrollar un agente de viajes digital que, a través de IA y aprendizaje automático, ofrezca sugerencias adaptadas al historial de búsqueda y preferencias de cada usuario, optimizando así la interacción y aumentando las tasas de conversión.

Además, la IA permite a Tripadvisor analizar datos de comportamiento y preferencias de los usuarios en tiempo real, ajustando eslóganes y textos promocionales para que sean más atractivos y relevantes, lo que contribuye a una mayor eficacia en sus campañas de marketing.

2. Segmentación y personalización

La segmentación con IA permite adaptar los mensajes para diferentes audiencias, asegurando que sean relevantes y emocionales. Por ejemplo, un mensaje dirigido a las familias puede resaltar actividades recreativas para niños, mientras que uno para aventureros enfatiza rutas escénicas y experiencias extremas. Hay herramientas como las utilizadas por Turespaña, de las que hablaremos a continuación, que personalizan campañas según el idioma y la cultura, y que representan un ejemplo de cómo estas estrategias pueden aplicarse de manera efectiva.

137

Aplicaciones reales

Turespaña ha implementado estrategias de personalización en sus campañas internacionales, adaptando los mensajes según el idioma, la cultura y los intereses de los diferentes segmentos de mercado. Por ejemplo, en la campaña «*You Deserve Spain*», de 2022, se personalizaron los mensajes para cada segmento y se ofrecieron productos turísticos relevantes para cada uno.

Además, Turespaña utiliza herramientas de análisis de datos para monitorear las opiniones en las redes sociales, identificando la ubicación, el idioma y las frases más buscadas por los usuarios. Esto permite ajustar las estrategias de promoción y marketing en función de los intereses detectados.

Airbnb ofrece a sus usuarios la posibilidad de gestionar las notificaciones que reciben, incluyendo correos electrónicos y notificaciones *push*, a través de la configuración de su cuenta. Los usuarios pueden elegir recibir comunicaciones como mensajes de anfitriones o huéspedes, recordatorios, sugerencias, promociones, y actualizaciones de políticas y comunidad. Además, tienen la opción de desactivar ciertas notificaciones según sus preferencias.

138

Sin embargo, la información disponible no especifica si Airbnb personaliza estas comunicaciones en función de perfiles específicos, como familias, parejas o viajeros de negocios. Por lo tanto, no se puede confirmar que Airbnb emplee IA para adaptar sus correos electrónicos y notificaciones *push* según el perfil del usuario.

3. Optimización continua

Una de las mayores fortalezas de la IA es su capacidad para analizar el rendimiento de campañas en tiempo real. Este proceso se lleva a cabo mediante herramientas avanzadas de análisis que recopilan y procesan datos relevantes, como la tasa de clics (CTR), las interacciones (comentarios, compartidos, me gusta), tiempo de permanencia y conversiones. Por ejemplo, si una publicación en las redes sociales genera menos interacción de lo esperado, la IA descompone los elementos clave (como el color del fondo, la tipografía, el mensaje o la imagen utilizada) y los compara con campañas exitosas previas, utilizando algoritmos de aprendizaje automático.

La IA puede realizar pruebas A/B en tiempo real: lanza variaciones del contenido a diferentes segmentos del público y evalúa cuál de ellas obtiene mejores resultados. Basándose en estas pruebas, ajusta dinámicamente elementos como:

- **Palabras clave:** reemplazando términos menos efectivos por otros que generen más emociones o interés.

- **Diseño visual:** modificando colores, contrastes o estilos que capten mejor la atención.

- **Segmentación del público:** dirigiendo el contenido a audiencias más receptivas en función de datos demográficos o comportamientos.

139

Estos ajustes no son manuales ni reactivos; la IA implementa cambios automáticamente y de manera iterativa, asegurando que cada detalle del contenido esté optimizado para conectarse emocionalmente y cumplir con los objetivos de la campaña. Este enfoque ahorra tiempo y también garantiza una mejora continua basada en datos objetivos y en tiempo real.

Aplicaciones reales

Visit Florida ha implementado herramientas de IA para optimizar sus campañas digitales en función de las interacciones de los usuarios. Estas tecnologías permiten ajustar dinámicamente el contenido, como imágenes y textos, para aumentar su efectividad y relevancia. Al analizar en tiempo real cómo los usuarios responden a diferentes elementos, los sistemas pueden modificar automáticamente el contenido que no genera el *engagement* esperado, mejorando así el impacto de las campañas.

Esta estrategia de personalización con IA se basa en la capacidad de la tecnología para procesar grandes volúmenes de datos y aprender de ellos, permitiendo una adaptación continua y precisa a las preferencias y comportamientos de los usuarios. Al ajustar las interfaces de los sitios web, el contenido de los correos electrónicos y otros elementos en función de los datos de los usuarios en tiempo real, la IA crea una experiencia personalizada que satisface a cada persona según sus preferencias.

La implementación de IA en el marketing digital está revolucionando la forma en que las empresas interactúan con su audiencia, ofreciendo experiencias más personalizadas y aumentando la eficacia de las campañas publicitarias. Al aprovechar estas tecnologías, organizaciones como Visit Florida pueden mejorar la satisfacción del cliente y maximizar el retorno de la inversión en sus estrategias de marketing.

El uso de IA para crear mensajes optimizados es totalmente aplicable al turismo y ya se está utilizando en múltiples niveles. Aunque hay herramientas avanzadas, como las que utilizan VisitScotland o Tripadvisor, que pueden requerir inversión, los destinos pequeños o medianos también pueden beneficiarse al implementar soluciones más accesibles, como asistentes de contenido basados en IA o plataformas de gestión de datos. Esto mejora la efectividad de las campañas y garantiza que cada mensaje se conecte con las emociones y expectativas del viajero.

La IA no reemplaza la creatividad, la amplifica. Ayuda a los destinos a contar sus historias con una precisión y un impacto sin precedentes. En este nuevo paradigma, incluso los lugares más pequeños o desconocidos tienen la oportunidad de destacar en un mercado global, creando identidades que son memorables y también resuenan profundamente con quienes las descubren. Este es el futuro del *branding* turístico, y está al alcance de todos.

141

Conclusión

Una marca turística no es solo un logotipo o un eslogan, sino la suma de percepciones, emociones e historias que conecta con su público. Este capítulo ha destacado cómo la narrativa estratégica, potenciada por herramientas como la IA, puede posicionar un destino, diferenciarlo y hacerlo relevante en un mercado competitivo.

Las historias bien contadas fortalecen la marca, crean lealtad y establecen un puente emocional con los visitantes, mientras que la IA amplifica esta capacidad al personalizar mensajes, optimizar diseños y medir resultados en tiempo real. Juntas, creatividad y tecnología convierten la narrativa en el alma de toda estrategia de marketing turístico, permitiendo que los destinos sean grabados, vividos y compartidos de manera auténtica.

2.3. Tips clave del capítulo: marca y narrativa estratégica

1. **Definir una identidad única:** resaltar los elementos distintivos del destino, como su cultura, historia, gastronomía y paisajes, para crear una marca auténtica y memorable.

2. **Construir una narrativa emocional:** contar historias que conecten profundamente con los visitantes, destacando experiencias únicas que diferencian el destino de la competencia.

3. **Fortalecer la identidad visual:** diseñar un logotipo, una paleta de colores y elementos gráficos coherentes con la esencia del destino para reforzar su reconocimiento.

4. **Priorizar la autenticidad:** evitar adornar en exceso la identidad del destino, mostrando su verdadera esencia y ofreciendo experiencias reales que conectan con el viajero moderno.

5. **Involucrar a la comunidad local:** integrar a los residentes en la narrativa de la marca, mostrando sus tradiciones, estilo de vida y cultura para añadir profundidad y autenticidad.

6. **Adoptar tecnología en el *branding*:** utilizar herramientas de IA para analizar tendencias, diseñar identidades visuales optimizadas y crear mensajes personalizados y efectivos.

7. **Optimizar mensajes promocionales:** diseñar eslóganes y campañas publicitarias que resuenen emocionalmente con las audiencias, ajustándolos en tiempo real según los datos de interacción.

8. **Segmentar las audiencias estratégicamente:** adaptar mensajes según los perfiles demográficos, culturales y de intereses de los turistas, asegurando relevancia y conexión emocional.

9. **Implementar pruebas dinámicas:** probar múltiples versiones de diseños y mensajes para identificar cuáles generan mayor impacto, ajustándolos continuamente para mejorar resultados.

10. **Utilizar ejemplos inspiradores:** aprender de casos como el de Lanzarote o las islas Canarias, que han sabido posicionarse globalmente con marcas coherentes, emocionales y auténticas.

La narrativa estratégica define la marca de un destino. También transforma lugares en experiencias inolvidables que los visitantes quieren vivir y compartir. Con creatividad, autenticidad y tecnología, cualquier destino puede destacar en el mapa turístico global.

2.4. Ejercicio práctico: construcción de la identidad y la narrativa del destino

Instrucciones

Esta herramienta práctica está diseñada para ayudar a construir la identidad estratégica y la narrativa de un destino turístico. Siga los pasos y complete cada sección con información específica sobre su destino. Utilice el ejemplo proporcionado como guía.

1. **Identidad del destino**

   - **Pregunta:** ¿qué representa el destino? ¿Es un destino cultural, de aventura, gastronómico o familiar?

   - **Ejemplo:** Sevilla es un destino cultural con un fuerte vínculo con la música y la danza.

2. **Historia central**

   - **Pregunta:** ¿qué historia desea contar? ¿Es la historia de un pueblo resiliente, un paraíso natural inexplorado o una tradición ancestral?

   - **Ejemplo**: Sevilla cuenta la historia de la pasión y la tradición del flamenco, desde las plazas hasta los tablaos.

3. **Público objetivo**

- **Pregunta:** ¿quiénes deben escuchar esa historia: familias, *millennials*, turistas internacionales, aventureros, amantes de la cultura?

- **Ejemplo:** Sevilla se dirige a amantes de la música, la cultura y la historia, tanto locales como internacionales.

4. **Tono y estilo**

- **Pregunta:** ¿cómo debe contarse la historia para llegar al público, en un tono relajado, inspirador, educativo, humorístico, elegante?

- **Ejemplo:** El tono de Sevilla es inspirador y apasionado, refleja la energía del flamenco.

5. **Canales de comunicación**

- **Pregunta:** ¿dónde se compartirá la narrativa para alcanzar a la audiencia: en redes sociales, páginas web, revistas de viaje, vídeos promocionales?

- **Ejemplo:** Sevilla utiliza vídeos en redes sociales, colaboraciones con artistas y blogs de viaje para llegar a su audiencia global.

Tabla de ayuda

Elemento	Respuesta del destino
Identidad	
Historia central	
Objetivo público	
Tono y estilo	
Canales de comunicación	

3. Historias que atrapen

Cómo comunicar el valor de las atracciones turísticas

3.1. *Storytelling* eficiente: técnicas para transformar atracciones en experiencias inolvidables
3.2. Realidad aumentada: uso de tecnología (AR/VR) para potenciar la narrativa
3.3. Tips clave del capítulo: historias que atrapen
3.4. Ejercicio práctico: guía para crear historias que atrapen

Una vez definida la narrativa de marca, es momento de transformarla en historias que atrapen y emocionen. Una historia bien contada es la herramienta más poderosa para dar vida a las atracciones y conectarse con los viajeros.

3.1. *Storytelling* eficiente: técnicas para transformar atracciones en experiencias inolvidables

En un mundo donde los destinos turísticos compiten por la atención de los viajeros, contar historias que cautiven se ha convertido en una herramienta esencial. El *storytelling* informa y conecta emocionalmente, transformando simples atracciones en experiencias inolvidables.

Las historias tienen el poder de evocar emociones y crear recuerdos duraderos. En el ámbito turístico, un relato bien construido puede hacer que un lugar cobre vida, permitiendo a los visitantes sumergirse en su esencia y cultura. Esto enriquece la experiencia del viajero y también fomenta una conexión más profunda con el destino.

Técnicas para transformar atracciones en experiencias inolvidables

1. Identificar la historia única del destino: cada lugar tiene su propia narrativa, ya sea una leyenda, un evento histórico o una tradición cultural. Descubrir y resaltar esta historia permite diferenciar el destino y ofrecer una perspectiva única.

La ciudad de Girona ha aprovechado sus leyendas tradicionales como herramienta de narración para promover el turismo, integrando relatos que forman parte de su identidad cultural en diversas iniciativas:

- **Visitas guiadas temáticas:** se ofrecen recorridos por el casco antiguo, donde los visitantes descubren historias y personajes legendarios que han perdurado en el imaginario colectivo de la ciudad. Estas visitas incluyen leyendas como las Moscas de Sant Narcís, la Bruja de la Catedral y el Tarlà, entre otras.

- **Rutas culturales:** se han diseñado rutas específicas que destacan las leyendas más emblemáticas, lo que permite a los turistas explorar los secretos y misterios que la ciudad alberga.

- **Publicaciones y recursos en línea:** el Ayuntamiento de Girona ha recopilado y difundido estas leyendas a través de su sitio web, ofreciendo a los visitantes información detallada sobre historias como la del Bou d'Or y la Cocollona, lo que enriquece la experiencia turística con narrativas locales.

Girona utiliza sus leyendas tradicionales para enriquecer la oferta turística, proporcionando una conexión más profunda con su patrimonio cultural y ofreciendo experiencias únicas a los visitantes.

2. Crear experiencias inmersivas: utilizar tecnologías como la realidad aumentada o virtual para sumergir a los visitantes en la historia del lugar. Esto les permite experimentar eventos pasados o explorar aspectos ocultos de la atracción.

El castillo de Loarre, ubicado en Huesca, ha implementado innovaciones tecnológicas para enriquecer la experiencia de sus visitantes. Entre las novedades destaca un espacio audiovisual inmersivo que permite a los visitantes apreciar el monumento desde perspectivas aéreas y comprender las distintas etapas de su construcción a través de un recorrido de diez minutos.

147

Además, se ha incorporado la IA en la oferta interactiva. Los visitantes tienen la oportunidad de interactuar con un avatar de Sancho III, con lo que prolongan su experiencia y obtienen información de manera innovadora. Este recurso, pionero en España, ya ha sido implementado en otros atractivos históricos y turísticos como el Coliseo de Roma y el Museo del Louvre en París.

3. Involucrar a la comunidad local: integrar a los residentes en la narración de historias añade autenticidad y profundidad. Los vecinos pueden compartir anécdotas personales, tradiciones y conocimientos que enriquecen la experiencia del visitante.

El Museo de los Juegos Tradicionales, ubicado en la Plaza Mayor de Aranda de Duero, ofrece a los visitantes una experiencia emocionante y nostálgica que conecta a las personas con su infancia y las tradiciones locales. Este espacio, gestionado por la asociación cultural La Tanguilla, exhibe una amplia variedad de juegos y juguetes tradicionales, desde aquellos elaborados artesanalmente por niños de mediados del siglo pasado hasta sofisticados juegos de sociedad. La colección incluye silbatos, carracas, tirachinas, espadas, canicas, sonajeros, muñecas, figuras de indios y vaqueros, entre otros, lo que proporciona un recorrido que despierta recuerdos en los más mayores y suscita la curiosidad de los más jóvenes.

Además, el museo ha sido reconocido por su labor en la conservación del patrimonio lúdico-cultural: recibió una mención especial en la VII edición de los premios de enoturismo Rutas del Vino de España.

Este reconocimiento resalta la importancia del museo en la preservación y difusión de los juegos tradicionales, lo que fortalece la identidad cultural de la región y ofrece a los visitantes una conexión profunda con las tradiciones locales.

La experiencia que ofrece el museo es educativa y también emocional, permite a los visitantes revivir momentos de su niñez y comprender la evolución de los juegos a lo largo del tiempo. Esta combinación de elementos convierte al Museo de los Juegos Tradicionales en un punto de encuentro intergeneracional y en un recurso turístico destacado en la ribera del Duero.

149

4. Utilizar múltiples canales de comunicación: difundir historias a través de diversos medios, como vídeos, blogs, redes sociales y guías interactivas para alcanzar a una audiencia más amplia y diversa.

Un ejemplo destacado de la utilización de múltiples canales de comunicación para difundir historias y atraer a una audiencia diversa es el proyecto Vieja Tierra en Extremadura. Iniciado por Ernesto Montoya, este proyecto comenzó como un blog y evolucionó hacia la creación de contenido en vídeo que se comparte en plataformas como Instagram y TikTok.

Vieja Tierra se centra en la divulgación de la historia y el patrimonio de Extremadura, explorando lugares históricos y aspectos de la cultura popular. Esta estrategia multicanal ha permitido conectar con una amplia audiencia, especialmente con los más jóvenes, lo cual ha generado un interés renovado en las tradiciones y la historia de la región.

Otro ejemplo es la iniciativa del Ayuntamiento de La Font de la Figuera, que ha lanzado una nueva marca turística para promover el pueblo como destino único. Esta campaña incluye la creación de un vídeo promocional, la apertura de perfiles en Facebook y un canal oficial en YouTube. Al utilizar estos medios buscan destacar las experiencias, tradiciones y cultura locales, con la idea de atraer visitantes y fomentar el desarrollo económico y cultural de la localidad.

La difusión de historias a través de múltiples canales, como vídeos, blogs y redes sociales, puede alcanzar a una audiencia más amplia y diversa, lo que resulta eficaz para promover destinos turísticos y conectar a las personas con su patrimonio cultural.

5. Actualizar y renovar las historias: mantener las narrativas frescas y relevantes, adaptándolas a las tendencias actuales y las expectativas cambiantes de los visitantes.

Por ejemplo, la Alcazaba de Almería, que ha ganado relevancia al ser escenario de producciones como *Juego de tronos*, lo que ha renovado el interés turístico en la fortaleza y la provincia.

Aplicando el *storytelling* en la promoción turística

- **Desarrollar una estrategia clara:** definir los objetivos y el público objetivo para crear historias que resuenen con la audiencia deseada.

- **Capacitar al personal:** formar a guías y empleados para que sean narradores efectivos, capaces de transmitir historias de manera apasionada y convincente.

- **Fomentar la participación del visitante:** crear oportunidades para que los turistas se conviertan en parte de la historia, ya sea a través de actividades interactivas, talleres o representaciones en vivo.

Al implementar estas técnicas, las atracciones turísticas pueden transformarse en experiencias memorables que informan, también inspiran y conectan emocionalmente con los visitantes, además de dejar una impresión duradera y fomentar el deseo de regresar.

El *storytelling* no es solo una herramienta para comunicar, es una experiencia en sí misma. Cuando se utiliza de manera estratégica, transforma atracciones turísticas en vivencias inolvidables que resuenan en el corazón de los viajeros. Una historia bien contada puede convertir una catedral en un testimonio vivo de siglos de historia, o un sendero en una puerta hacia la naturaleza y la introspección.

Pero el verdadero poder del *storytelling* radica en su capacidad para conectar emocionalmente. Las historias nos hacen sentir, imaginar y, sobre todo, recordar. Al implementar técnicas narrativas, cada atracción puede convertirse en un relato único que inspire a los visitantes a conocer un lugar y a ser parte de su historia.

Adoptar el *storytelling* enriquecerá la experiencia del viajero y a la vez posicionará el destino o atracción como algo más que un lugar: como un legado vivo que merece ser explorado, compartido y recordado. Porque, al final, lo que los turistas se llevan a casa no son solo fotografías, sino las emociones y las relaciones que esas imágenes evocan. ¡Ese es el poder de las historias que atrapan!

151

3.2. Realidad aumentada: uso de tecnología (AR/VR) para potenciar la narrativa

La realidad aumentada (AR) y la realidad virtual (VR) están transformando el turismo al ofrecer nuevas maneras de vivir y contar historias en los destinos. Estas tecnologías permiten a los visitantes sumergirse en experiencias que van más allá de lo físico, conectándolos con la esencia de un lugar a través de narrativas visuales y sensoriales.

El Ayuntamiento de Toledo ha considerado el uso de AR para descubrir la parte subterránea de la ciudad. Ha diseñado estrategias turísticas basadas en nuevas tecnologías que permiten a los visitantes explorar elementos históricos ocultos.

La aplicación municipal ofrece rutas guiadas por personajes históricos, como Miguel de Cervantes, El Greco y el emperador Carlos V, que proporcionan información dinámica sobre la ciudad. Además, se han aplicado tecnologías de AR y modelado 3D a monumentos, como la mezquita del Cristo de la Luz, el alcázar y la sinagoga del Tránsito, que permiten a los visitantes visualizar cómo eran estos lugares en el pasado.

Existen aplicaciones, como CulturAR en Priego de Córdoba, que utilizan AR para mostrar rutas y puntos de interés turísticos, que acompañan a los visitantes a conocer la historia y arquitectura de la ciudad de manera interactiva.

Por su parte, la realidad virtual (VR) facilita a los visitantes la exploración de destinos completos sin necesidad de estar físicamente presentes, ofreciendo experiencias inmersivas que facilitan la comprensión y apreciación del patrimonio histórico. Un ejemplo destacado es el recorrido virtual por la cueva de Altamira, que permite disfrutar de su riqueza histórica mientras se preserva este patrimonio único.

El Museo Nacional y Centro de Investigación de Altamira ha desarrollado la experiencia de realidad virtual «Altamira, la cueva animada», que transporta a los usuarios al Paleolítico y les hace presenciar el momento en que se pintaron los famosos bisontes polícromos. Esta recreación se basa en el conocimiento científico actual y utiliza tecnologías avanzadas, como el escaneo láser y la fotogrametría, para ofrecer una representación precisa de la cueva durante el Paleolítico superior.

153

Además, el museo ofrece una visita virtual a la Neocueva y a las salas de exposición permanente, accesible en línea, gracias a la cual los usuarios pueden explorar detalladamente las características de la cueva y su arte rupestre.

Estas iniciativas de realidad virtual facilitan el acceso al patrimonio cultural y también contribuyen a su conservación, al reducir la necesidad de visitas físicas, preservando así este legado para futuras generaciones.

Estas tecnologías enriquecen la experiencia del visitante y también ayudan a proteger espacios delicados y a ofrecer accesibilidad a personas con movilidad reducida. Por ejemplo, en el Coliseo de Roma, las gafas de AR reviven combates de gladiadores, sumergiendo a los turistas en una experiencia que combina aprendizaje e inmersión.

La innovadora tecnología de la AR y la VR es una herramienta estratégica para que los destinos se diferencien y ofrezcan experiencias inolvidables. Es una forma de conectar emocionalmente con los visitantes y hacerles vivir historias únicas que quedarán grabadas en su memoria. Con estas tecnologías, el turismo informa, inspira y transforma.

Aplicación práctica de AR/VR en destinos rurales o emergentes

Aunque las tecnologías como la AR y la VR suelen asociarse con grandes presupuestos y destinos consolidados, es posible adaptarlas a las necesidades de destinos rurales o emergentes con recursos limitados. A continuación se presentan estrategias accesibles y graduales:

- **Recorridos virtuales accesibles:** implementar *tours* virtuales utilizando cámaras 360° de bajo costo para capturar atracciones clave. Estas experiencias pueden compartirse en plataformas como YouTube o redes sociales, para generar interés por visitar físicamente el destino.

- **Realidad aumentada básica:** utilizar aplicaciones móviles gratuitas o económicas que integren códigos QR en puntos de interés que ofrezcan información histórica, cultural o interactiva directamente desde los *smartphones* de los visitantes.

- **Contenidos inmersivos para redes sociales:** crear publicaciones 360° o vídeos inmersivos en plataformas como Facebook, Instagram o TikTok que muestren vistas panorámicas o experiencias únicas del destino.

- **Integración progresiva:** los destinos pueden comenzar con proyectos piloto en una atracción principal y escalar a más áreas conforme se obtengan resultados y retroalimentación de los visitantes.

Estas iniciativas hacen que los destinos sean más competitivos y permiten a los visitantes explorar y emocionarse con el lugar antes de llegar allí. La clave está en combinarlas con una narrativa que conecte emocionalmente, destacando el valor único de cada lugar.

Conclusión

Las atracciones turísticas son mucho más que puntos de interés, son las historias que cuentan y las emociones que generan. Este capítulo ha mostrado cómo comunicar el valor único de cada atracción, utilizando herramientas como la narrativa y la tecnología para conectarse con los visitantes. Una historia bien contada transforma un lugar en una vivencia inolvidable, dejando emociones que resuenan mucho más allá de la visita.

155

3.3. Tips clave del capítulo: historias que atrapen

1. **Identificar la historia única del destino:** descubrir y destacar la narrativa exclusiva de cada atracción, ya sea una leyenda, un evento histórico o una tradición cultural, para diferenciarla y enriquecer su valor.

2. **Crear experiencias inmersivas:** incorporar tecnologías como la AR o la VR para sumergir a los visitantes en la historia y permitirles explorar eventos o aspectos ocultos del lugar.

3. **Involucrar a la comunidad local:** integrar a los residentes en la narración para añadir autenticidad, anécdotas personales y conocimientos que conecten emocionalmente con los visitantes.

4. **Utilizar múltiples canales de comunicación:** difundir las historias a través de vídeos, blogs, redes sociales y guías interactivas para alcanzar una audiencia diversa y maximizar el impacto.

5. **Renovar las narrativas regularmente:** adaptar las historias a las tendencias actuales y las expectativas cambiantes de los visitantes para mantenerlas frescas y relevantes.

6. **Capacitar a los narradores:** entrenar al personal, guías y empleados para que sean narradores efectivos, capaces de transmitir historias apasionantes que inspiren y conecten.

7. **Fomentar la participación del visitante:** crear oportunidades para que los turistas sean parte activa de las historias mediante actividades interactivas, talleres o representaciones en vivo.

8. **Integrar la tecnología como aliada:** utilizar AR y VR para enriquecer las experiencias. También para preservar espacios delicados y hacerlos accesibles a un público más amplio.

9. **Definir un mensaje central emocional:** diseñar historias con una idea o emoción clave que resuene con los visitantes, y los motivos por los que compartir y recordar la experiencia.

10. **Medir el impacto narrativo:** evaluar cómo las historias influyen en las emociones y el comportamiento de los visitantes para ajustar y mejorar las estrategias de comunicación.

El *storytelling* transforma las atracciones en experiencias inolvidables que informan, inspiran y emocionan. Con historias bien contadas, cada lugar puede convertirse en un legado vivo que los visitantes llevarán consigo mucho más allá de su viaje.

3.4. Ejercicio práctico: guía para crear historias que atrapen

Objetivo: desarrollar una narrativa única y emocional para una atracción turística, identificando su singularidad, contexto histórico o cultural, y adaptándola a diversos formatos de comunicación.

Instrucciones: sigue estos pasos y responde a las preguntas para construir una historia auténtica y poderosa.

Pasos para construir historias auténticas

1. **Identificar la singularidad de la atracción**

Pregunta de referencia: ¿qué hace única a esta atracción frente a otras similares?

Ejemplo: ¿es una formación natural impresionante, un edificio histórico con un diseño único o un lugar cargado de significado cultural?

Actividad: elegir una atracción y describir en 2-3 frases qué emociones puede generar en los visitantes (sorpresa, nostalgia, admiración, etc.).

2. **Recopilar anécdotas, leyendas o datos históricos: investigar las historias asociadas a la atracción**

Pregunta de referencia: ¿hay historias locales, eventos históricos o personajes relacionados con la atracción?

Actividad: investigar y escribir una breve historia o dato relevante relacionado con el lugar.

Ejemplo: para una catedral, se podría contar cómo se construyó durante una época de cambios políticos o religiosos.

3. **Diseñar un mensaje central emocional: elegir una emoción o idea clave que se quiera transmitir**

Pregunta de referencia: ¿qué emoción o idea principal se desea transmitir con esta historia?

Ejemplo: «Este castillo es algo más que una fortaleza, es el testimonio de siglos de resistencia y determinación».

Actividad: escribir una frase que resuma el mensaje central, utilizando metáforas o simbolismos que conecten con el lector.

4. **Adaptar la historia a diferentes formatos de comunicación**

Pregunta de referencia: ¿cómo puedes contar esta historia en diferentes plataformas?

> **Texto:** redactar una descripción breve y evocadora para un folleto o blog.

> **Vídeo:** definir una idea para un *reel* de Instagram o TikTok.

> **Redes sociales:** crear un *post* con una imagen impactante y un pie de foto emocional.

> **Actividad:** elegir un formato y desarrollar un borrador breve de cómo se comunicaría la historia.

Resultado esperado

Al finalizar el ejercicio, se obtendrá una historia desarrollada y adaptada a un formato específico, lista para ser utilizada como herramienta de promoción turística.

4. Los servicios y las infraestructuras como mensaje

Cómo los servicios y las infraestructuras transmiten mensajes emocionales

4.1. La experiencia en primer plano: comunicar los servicios y las infraestructuras de forma práctica y emocional

4.2. Tips clave del capítulo: los servicios y las infraestructuras como mensaje

4.3. Ejercicio práctico: guía para analizar la experiencia del turista

Las historias inspiran, pero la experiencia real del visitante depende de los servicios y las infraestructuras. En este capítulo veremos cómo estos elementos tangibles también comunican un mensaje y refuerzan la percepción del destino.

4.1. La experiencia en primer plano: comunicar los servicios y las infraestructuras de forma práctica y emocional

Imagine llegar a un pequeño pueblo costero y que, antes de que alguien le dé la bienvenida, ya sienta la calidez en cada detalle: las calles impecables, la señalización clara que le guía sin esfuerzo, el wifi gratuito que le permite compartir al instante la belleza que le rodea. Sin que se dé cuenta, los servicios y las infraestructuras del lugar están contando una historia, transmitiendo una sensación de cuidado y hospitalidad que hace que usted se sienta como en casa.

En el turismo, la experiencia del visitante comienza mucho antes de interactuar con las personas, se inicia con los elementos tangibles que encuentran al llegar. Comunicar eficazmente los servicios y las infraestructuras facilita la estancia y además también crea una conexión emocional, haciendo que cada momento sea memorable.

La experiencia en primer plano significa poner al visitante en el centro de cada decisión, diseñando espacios y servicios que satisfagan sus necesidades prácticas y generen emociones positivas. Esto se logra a través de una planificación cuidadosa y una comunicación clara y atractiva.

La ciudad de Málaga ha implementado un sistema de señalización turística inteligente, que enriquece la experiencia de los visitantes al proporcionar información histórica y cultural a través de códigos QR. Estos códigos, integrados en diversos elementos de señalización, permiten a los turistas acceder a contenidos multimedia en múltiples idiomas, donde se ofrecen detalles sobre monumentos, museos y puntos de interés cultural.

Por ejemplo, los monolitos planeros, que son paneles informativos con mapas de la ciudad, incluyen códigos QR que facilitan la descarga de la aplicación oficial de Málaga Turismo, audioguías y folletos especializados en playas, naturaleza, museos y monumentos. Esta estrategia digital del Área de Turismo de Málaga guía a los visitantes y les permite conectar emocionalmente con el lugar, al descubrir su patrimonio de manera interactiva.

Otro caso es la transformación urbana de Bilbao, como un ejemplo emblemático de cómo la renovación de los espacios públicos y la incorporación del mobiliario urbano de diseño pueden revitalizar la percepción de una ciudad y proyectar una imagen de modernidad y acogida.

A partir de la década de 1990, Bilbao emprendió un ambicioso proceso de regeneración urbana que incluyó la recuperación de áreas industriales obsoletas y la creación de nuevos espacios públicos. Un caso destacado es el paseo de Abandoibarra, que transformó antiguos terrenos industriales en un corredor peatonal que conecta puntos emblemáticos como el museo Guggenheim y el palacio Euskalduna. Este paseo se caracteriza por su diseño contemporáneo, con mobiliario urbano elaborado en materiales que evocan el pasado industrial de la zona, como el acero autooxidado y el acero inoxidable. Además, la integración de vegetación y arte urbano ha convertido a Abandoibarra en una de las áreas más transitadas y apreciadas tanto por residentes como por visitantes.

Este enfoque en el diseño de los espacios públicos ha sido fundamental para la metamorfosis de Bilbao, que ha pasado de ser una metrópoli industrial en declive a una ciudad moderna y vibrante, reconocida internacionalmente por su calidad de vida y atractivo turístico.

La renovación urbana de Bilbao demuestra cómo la planificación cuidadosa y la inversión en espacios públicos de calidad pueden transformar la comunicación visual, la imagen y la funcionalidad de una ciudad, y fomenta un entorno más acogedor y dinámico para sus propios habitantes y turistas.

Para aplicar este enfoque es fundamental:

1. **Conocer al visitante:** entender sus expectativas y necesidades para diseñar servicios que las superen.

2. **Diseñar con empatía:** crear infraestructuras que faciliten la movilidad y el acceso, pensando en todas las personas.

3. **Comunicar con claridad:** utilizar señalética intuitiva y recursos digitales que informen y conecten emocionalmente.

Al poner la experiencia en primer plano, cada detalle cuenta una historia que enriquece la visita y deja una impresión duradera en el corazón del viajero.

Hoy día, los servicios y las infraestructuras son mucho más que elementos funcionales, se han convertido en vehículos de emociones y mensajes que los destinos comunican a sus visitantes. Cada detalle, desde un banco en una plaza hasta una aplicación móvil que facilita recorridos turísticos, tiene el potencial de contar una historia y de conectarse con las expectativas del viajero moderno.

Mirando hacia el futuro, esta conexión será aún más esencial. Con la evolución tecnológica y la creciente demanda de experiencias personalizadas, las infraestructuras deberán adaptarse a las necesidades prácticas y también a los valores emergentes: sostenibilidad, accesibilidad y autenticidad. Los destinos que logren integrar estas dimensiones facilitarán la visita y construirán una relación duradera con sus visitantes.

En un mundo donde la competencia por la atención es feroz, los detalles marcarán la diferencia. Los servicios y las infraestructuras que transmiten cuidado, innovación y respeto por la cultura local serán los que definirán las experiencias memorables del futuro. Porque, al final, el turismo no es solo sobre lugares, sino sobre cómo esos sitios hacen sentir a las personas. ¡Y ahí radica su verdadera magia!

Conclusión

Los servicios y las infraestructuras son funcionales y también poderosos transmisores de la calidad y los valores del destino. Este capítulo ha demostrado cómo cuidar cada detalle, desde la atención al cliente hasta la sostenibilidad de las infraestructuras, para proyectar una imagen positiva que refuerza la experiencia del visitante. Cuidar cada detalle

162

garantiza que el cliente quede satisfecho, dejando recuerdos duraderos que transforman destinos en experiencias inolvidables.

4.2. Tips clave del capítulo: los servicios y las infraestructuras como mensaje

1. **Diseñar con empatía:** crear infraestructuras accesibles y servicios inclusivos que respondan a las necesidades de todos los visitantes, lo que fomenta la comodidad y la satisfacción.

2. **Comunicar con claridad:** implementar señalización intuitiva y recursos digitales, como códigos QR o aplicaciones móviles, que guíen y conecten emocionalmente al visitante con el destino.

3. **Conocer al visitante:** investigar las expectativas y necesidades del público objetivo para superar sus expectativas con servicios personalizados.

4. **Transformar espacios públicos:** renovar y diseñar áreas urbanas que combinen funcionalidad, diseño contemporáneo y conexión emocional, como el caso del paseo Abandoibarra en Bilbao.

5. **Incorporar tecnología:** utilizar herramientas digitales para enriquecer la experiencia, como audioguías, aplicaciones interactivas o paneles informativos con contenido multimedia.

6. **Priorizar sostenibilidad y autenticidad:** integrar prácticas sostenibles en las infraestructuras y los servicios que reflejen el respeto por el entorno y la cultura local.

7. **Hacer que los servicios comuniquen:** diseñar servicios que transmitan cuidado, hospitalidad y atención al detalle, desde wifi gratuito hasta transporte eficiente.

8. **Crear experiencias emocionales:** asegurarse de que cada elemento, por pequeño que sea, aporte valor emocional a la visita, de manera que los momentos funcionales se conviertan en recuerdos memorables.

9. **Planificar con una visión a futuro:** diseñar infraestructuras adaptables a nuevas demandas tecnológicas y sociales, priorizando la personalización de la experiencia turística.

10. **Medir el impacto emocional:** evaluar regularmente cómo los servicios y las infraestructuras influyen en las emociones del visitante y ajustar las estrategias en consecuencia.

Los servicios y las infraestructuras son mucho más que elementos funcionales, son mensajes tangibles que los destinos envían a sus visitantes. Cuidar cada detalle asegura que la experiencia turística sea satisfactoria, inolvidable y significativa.

4.3. Ejercicio práctico: guía para analizar la experiencia del turista

Instrucciones

La experiencia turística comienza mucho antes del viaje y continúa después. Utilice esta guía para analizar el impacto de los servicios y las infraestructuras en cada etapa, desde la planificación hasta los recuerdos posteriores. Complete la tabla con sus observaciones o utilice los ejemplos proporcionados como referencia general.

Guía para analizar la experiencia del turista

Etapa	Factores importantes	Recursos relacionados	Impacto en la experiencia	Observaciones/ Áreas de mejora
Antes del viaje	Búsqueda de información	Páginas web, redes sociales, oficinas de turismo, sistemas de reserva.	Proporcionar información clara, atractiva y accesible.	Ejemplo: La web del destino no está optimizada para móviles.
	Expectativas del visitante	Descripciones detalladas, reseñas, fotos y videos promocionales.	Generar confianza y entusiasmo por el destino.	Ejemplo: Falta contenido visual que muestra actividades locales.
Durante el viaje	Accesibilidad	Infraestructuras de transporte, señalización, mapas interactivos.	Facilitar el desplazamiento y la orientación.	Ejemplo: Señalización confusa en puntos clave del destino.
	Uso de servicios	Hoteles, restaurantes, guías turísticas, servicios de atención al cliente.	Garantizar comodidad y satisfacción.	Ejemplo: Escasez de opciones gastronómicas locales cerca de atracciones.
	Calidad del entorno	Espacios públicos, limpieza, sostenibilidad de recursos.	Cree una impresión positiva y memorable.	Ejemplo: Falta de áreas de descanso en rutas populares.
Después del viaje	Recuerdos y percepciones	Encuestas post-visita, programas de fidelización, contenido compartido por los visitantes.	Reforzar el vínculo emocional con el destino.	Ejemplo: Ausencia de seguimiento con los visitantes tras su experiencia.
	Recomendaciones	Reseñas, testimonios, programas de recomendación en redes sociales.	Fomentar la promoción orgánica del destino.	Ejemplo: Incentivos para que los visitantes compartan reseñas.

5. Viralidad y conexión natural

El poder de la emoción en la viralidad

5.1. Estrategias emocionales para la visibilidad orgánica: generar impacto emocional que se difunda naturalmente

5.2. La IA en las redes sociales: segmentación y análisis de contenido viral

5.3. Tips clave del capítulo: viralidad y conexión natural

5.4. Ejercicio práctico: diseño de un plan de comunicación basado en la estrategia del pentágono

---

Los servicios y las infraestructuras completan la experiencia física del visitante, pero ¿cómo logramos que un destino se viralice y alcance nuevas audiencias? La clave está en diseñar una comunicación auténtica y adaptada a los canales adecuados.

166

5.1. Estrategias emocionales para la visibilidad orgánicas: generar impacto emocional que se difunda naturalmente

En el mundo del marketing turístico lograr que un mensaje se difunda de manera orgánica y alcance a miles, o incluso millones de personas, es el sueño de muchas campañas. Pero esta viralidad no sucede por casualidad, requiere entender cómo conectarse emocionalmente con la audiencia. Al final del día, las personas no comparten datos ni mensajes fríos, sino emociones, historias que las inspiran y experiencias que les encantaría vivir o recomendar.

Piense en la última vez que compartió algo en sus redes sociales. Tal vez fue una imagen que le conmovió, un vídeo que le hizo reír o una historia que sintió que debía ser contada. Esa reacción emocional es lo que impulsa a las personas a compartir. En el marketing turístico, esta conexión no es solo un objetivo: es el motor que transforma simples mensajes en experiencias virales.

Aquí es donde la estrategia del pentágono tiene su papel esencial. Cada mensaje emocionalmente resonante, cada historia que inspira o cada experiencia memorable no surge de manera aislada, sino que se nutre del equilibrio de las variables clave: la Marca que transmite identidad, las Atracciones que cuentan historias únicas, los Servicios que facilitan experiencias, las Infraestructuras que respaldan la funcionalidad y la Comunicación que actúa como puente entre el destino y su público. Estas variables trabajan en conjunto para crear mensajes virales y narrativas auténticas que conectan profundamente con los viajeros.

En este capítulo, explicaremos cómo generar ese impacto emocional que convierte un simple mensaje en una experiencia viral. A través de estrategias efectivas y ejemplos reales, descubrirá cómo aprovechar la emoción, la autenticidad y el equilibrio estratégico para que las campañas no solo informen, sino que también inspiren a los viajeros a compartirlas de manera orgánica y espontánea. Porque, al final, no se trata solo de ser visto, sino de ser sentido y recordado.

1. Conocer a la audiencia objetivo

Antes de crear cualquier campaña, el primer paso es saber exactamente a quién nos estamos dirigiendo. Se trata solo de identificar datos demográficos como la edad o la ubicación, pero también es necesario profundizar en los intereses, deseos y comportamientos de las personas: ¿qué les inspira? ¿Qué emociones los mueven? ¿Qué tipo de contenido les motiva a compartir algo con sus amigos y familiares?

Imaginemos que estamos promocionando un pequeño pueblo costero: no es lo mismo dirigirse a una pareja en busca de una escapada romántica que a una familia con niños pequeños en busca de actividades al aire libre. Cuando entendemos realmente quién es, o mejor dicho, qué siente nuestra audiencia, podemos crear mensajes que resuenen con sus intereses y aspiraciones, y podremos convertir un simple anuncio en una invitación que no podrán pasar por alto. Al final, una conexión auténtica comienza con un entendimiento genuino.

La campaña «*Spain for Sure*», lanzada por el Ministerio de Asuntos Exteriores de España, fue una respuesta estratégica al desafío al que se enfrentaba el país tras la pandemia: recuperar la confianza de los turistas internacionales. En un momento en que los viajeros buscaban destinos seguros y acogedores, esta campaña logró conectar emocionalmente, destacando los valores de seguridad, hospitalidad y autenticidad que hacen de España un lugar único.

El enfoque principal fue transmitir un mensaje de confianza y optimismo. Para ello, se utilizaron embajadores influyentes como Rafael Nadal, Pau Gasol y Penélope Cruz, quienes representaron lo mejor de la cultura y los valores españoles. Sus mensajes, auténticos y cercanos, ayudaron a crear una conexión emocional con los viajeros, reforzando la idea de que España era un lugar seguro para visitar y también un destino donde se podía vivir una experiencia memorable y enriquecedora.

La campaña se difundió a través de múltiples canales, desde redes sociales hasta *spots* en medios internacionales, con lo que era seguro que llegaría a una audiencia diversa. Además, se adaptó a varios idiomas y culturas, personalizando el mensaje para mercados clave como Reino Unido, Alemania y Estados Unidos. Esto demuestra un profundo conocimiento de las necesidades y preocupaciones de los viajeros en ese momento y un deseo de posicionar a España como un destino de confianza en un contexto global conflictivo.

Gracias a esta estrategia, «Spain for Sure» revitalizó el interés por venir de turismo a España y también dejó un mensaje claro: el país estaba listo para recibir a los visitantes con los brazos abiertos y con todas las garantías necesarias para que la experiencia fuese segura y digna de recordar.

2. Contar historias auténticas y emocionales

En el corazón de toda gran campaña turística se encuentra una historia; pero no cualquier historia, sino una que despierte emociones y cree un vínculo genuino con quienes la escuchan. La alegría de descubrir un lugar nuevo, la nostalgia de revivir un momento pasado o la sorpresa de encontrar algo inesperado son sensaciones universales que nos conectan como seres humanos. Esas emociones son el motor que impulsa a las personas a compartir.

Como se dijo en la primera parte del libro, en el capítulo 2, «Herramientas y canales para el impacto global», la clave de contar historias o *storytelling* está en la autenticidad: no se trata de inventar cuentos elaborados, sino de destacar las experiencias reales que hacen único a un destino. Los viajeros buscan relatos con los que puedan identificarse, historias que les hablaron directamente y que despierten en ellos el deseo de formar parte de esa narrativa.

Cuando las marcas y los destinos cuentan historias auténticas, informan, inspiran y logran que las personas se vean reflejadas en esas experiencias, lo que les motiva a explorar y, lo más importante, a compartir lo que sienten. Porque las emociones que tocan el corazón son las que tienen mayor poder viral.

169

Un gran ejemplo de cómo una narrativa auténtica y emocional puede conectar con el público fue la campaña «La Ruta de los Likes» de MAPFRE. Esta iniciativa se centró en historias reales de personas que, durante sus viajes por España, descubrieron lugares únicos y significativos. En lugar de mostrar destinos turísticos populares, la campaña destacó esos rincones especiales que a menudo pasan desapercibidos, pero que dejaron una marca emocional en quienes los visitaron.

Cada relato compartido en la campaña fue genuino, se basó en experiencias reales que resonaban con el público. Desde un pequeño mirador escondido en la sierra de Gredos hasta un café pintoresco en un pueblo andaluz, estas historias mostraron lugares y a la vez las emociones y los recuerdos asociados a ellos.

MAPFRE utilizó una combinación de publicaciones en redes sociales y vídeos cortos para presentar estas historias, y animaban a los usuarios a compartir sus propios rincones favoritos con la etiqueta de la campaña. Este enfoque amplificó la narrativa y también invitó a la participación activa del público, con lo que fomentaba un sentimiento de comunidad y exploración compartida.

Resultado: la campaña promovió destinos poco conocidos en España y logró una conexión emocional profunda con los viajeros. Las personas se sintieron inspiradas a descubrir y compartir sus propias experiencias. Aquello demostró que una historia bien contada puede transformar una simple recomendación en un movimiento viral y emocional.

3. Utilizar contenido visual atractivo

En el mundo digital, donde las imágenes y los vídeos dominan la atención de las personas, el contenido visual se ha convertido en el lenguaje universal del marketing. Una fotografía que captura el azul profundo del Mediterráneo o un vídeo que muestra la danza de la luz al amanecer sobre una catedral pueden transmitir más que mil palabras. Estos elementos muestran un destino y hacen que lo sintamos, despierta emociones y genera deseo.

El contenido visual de alta calidad tiene un poder único: atrae miradas, inspira curiosidad y, lo más importante, motiva a las personas a compartirlo. Cuando los viajeros ven algo que les impacta, quieren ser parte de esa experiencia; en la era de las redes sociales, compartirlo se convierte en una extensión natural de ese deseo.

Sin embargo, no se trata solo de usar imágenes bonitas. Para que el contenido visual sea realmente efectivo, debe capturar la esencia del destino y ser relevante para la audiencia. Desde la majestuosidad de un paisaje hasta los pequeños detalles que cuentan una historia, el contenido visual bien ejecutado tiene el poder de llevar un destino a la cima de las preferencias del viajero.

Un excelente ejemplo de cómo utilizar contenido visual atractivo para atraer a una audiencia global fue la promoción de Mallorca en el London Eye, una de las atracciones más icónicas de Londres. En esta campaña se proyectaron imágenes espectaculares de los paisajes de la isla: sus playas de aguas cristalinas, sus atardeceres dorados y los encantadores pueblos que componen su patrimonio cultural.

La elección de este lugar estratégico no fue casual: miles de personas visitan el London Eye diariamente, convirtiéndolo en una plataforma perfecta para captar la atención de una audiencia diversa e internacional. Además, el uso de imágenes de alta calidad generó curiosidad entre los espectadores y también los motivó a capturar y compartir esos momentos en sus propias redes sociales.

Resultado: esta acción sirvió de promoción para Mallorca como destino paradisíaco y también generó un impacto emocional en los espectadores, conectando con sus sueños de escapadas y aventuras. Al utilizar contenido visual atractivo y un lugar icónico como escenario, la campaña logró que las personas recordaran la belleza de Mallorca y que a su vez se convirtieran en embajadores espontáneos al compartir la experiencia.

Las imágenes y los vídeos son herramientas promocionales y las puertas de entrada al corazón del viajero. Al mostrar la autenticidad y la belleza de un destino de manera impactante, el contenido visual puede convertir una simple observación en un deseo irresistible de explorar.

171

4. Fomentar la participación del usuario

Una de las formas más efectivas de crear conexión y viralidad en una campaña es invitar al público a ser parte activa de ella. Cuando las personas sienten que sus voces cuentan y sus experiencias son valoradas, se comprometen más con la marca o destino y también se convierten en embajadores naturales al compartir contenido. La participación activa, ya sea a través de concursos, desafíos o historias generadas por los propios usuarios, amplifica el alcance de una campaña y añade autenticidad y frescura.

172   Este enfoque convierte a los viajeros en creadores de contenido, al ofrecer perspectivas únicas que enriquecen la narrativa del destino. Una fotografía, un vídeo o un testimonio personal pueden ser más impactantes que cualquier anuncio profesional, porque provienen de una experiencia genuina. Además, estas estrategias fomentan una sensación de comunidad, al conectar a personas con intereses comunes y reforzar la identidad del destino como un lugar deseable y acogedor.

Un ejemplo exitoso de cómo fomentar la participación activa del público fue la campaña «Un gran verano en un gran país» de Atresmedia, diseñada para reactivar el turismo nacional en España tras la pandemia. La iniciativa invitó a los espectadores a compartir sus experiencias veraniegas a través de las redes sociales.

Los participantes pudieron subir fotos y vídeos de sus viajes por España, mostrando destinos, actividades y momentos memorables bajo el *hashtag* oficial de la campaña. Las mejores publicaciones fueron seleccionadas para aparecer en los programas de Atresmedia, lo que resultaba un incentivo adicional para participar. Esto dio visibilidad a los usuarios y además generó una avalancha de contenido auténtico y emocional que amplificó el impacto de la campaña.

La campaña logró destacar los destinos más emblemáticos de España y también aquellos menos conocidos, gracias a las aportaciones de los usuarios. El enfoque participativo fomentó un sentimiento de orgullo y comunidad entre los viajeros, mientras se multiplicaba el alcance del mensaje a través del contenido compartido a través de las redes sociales.

Invitar a la audiencia a formar parte de la narrativa aumenta el compromiso y enriquece la historia del destino con perspectivas frescas y auténticas. Al dar protagonismo a las experiencias reales de los viajeros, las campañas capturan la atención y el corazón de quienes las ven. Fomentar la participación activa convierte a los visitantes en aliados estratégicos, capaces de llevar la historia de un destino más lejos de lo que cualquier campaña podría lograr por sí sola.

173

5. Colaborar con *influencers* y creadores de contenido

Un gran ejemplo de cómo los *influencers* pueden potenciar la visibilidad de un destino es la iniciativa de la Diputación de Palencia para promover la Montaña Palentina, una comarca de esa provincia. Esta región, rica en paisajes naturales y patrimonio cultural, organiza un viaje para un grupo de *influencers* especializados en gastronomía y viajes, aprovechando sus plataformas para llegar a un público más amplio y diverso.

Durante el viaje, los *influencers* compartieron su experiencia en tiempo real a través de publicaciones, historias y vídeos en las redes sociales.

Desde rutas por los Picos de Europa hasta degustaciones de platos típicos locales, el contenido generado reflejó la autenticidad y el encanto de la región, lo que capturó la atención de miles de personas interesadas en escapadas rurales y experiencias gastronómicas.

Gracias a esta colaboración, la Montaña Palentina obtuvo una mayor visibilidad en mercados clave, lo que atrajo a visitantes que quizás no hubieran considerado este destino anteriormente. La campaña mostró la belleza de la región y destacó su riqueza cultural y culinaria, lo que la posicionó como un destino único dentro de España.

Asociarse con *influencers* y creadores de contenido permite a los destinos alcanzar audiencias específicas de manera efectiva, combinando autenticidad con un alcance masivo. Estas colaboraciones amplifican el mensaje y además lo humanizan, haciendo que la conexión con el público sea más profunda y significativa. Al trabajar con personas que ya tienen la confianza de su audiencia, las campañas se vuelven más creíbles y memorables, con lo que aumenta su impacto.

6. Aprovechar tendencias y momentos oportunos

El éxito de muchas campañas de marketing radica en su capacidad para estar en el lugar correcto y en el momento adecuado. En el turismo, esto significa aprovechar las tendencias globales y los eventos relevantes para conectar con las necesidades y deseos actuales de los viajeros. Adaptarse rápidamente a lo que ocurre en el mundo hace que un mensaje sea más relevante y lo hace más compartible, ya que se alinea perfectamente con las conversaciones y emociones del momento.

Entender estas dinámicas requiere estar atento a las señales del mercado, como cambios en las preferencias de viaje, preocupaciones sociales o incluso fenómenos culturales. Cuando una campaña logra captar estas tendencias y conectarlas con el mensaje de un destino, se genera una relación inmediata y emocional con el público, que reconoce que el destino «entiende» lo que está buscando.

Un ejemplo brillante de cómo aprovechar un momento oportuno fue la campaña «España te espera» lanzada por Turespaña en 2020, tras la primera ola de la pandemia. En un contexto global marcado por la incertidumbre, los viajeros internacionales buscaban destinos que les ofrecieran experiencias memorables y también seguridad y hospitalidad. Turespaña identificó estas preocupaciones y lanzó una campaña que conectaba directamente con las emociones del público objetivo.

El mensaje «España te espera» combinaba imágenes de paisajes icónicos, como las playas de la Costa Brava y los viñedos de La Rioja, con un tono cálido y acogedor. La campaña destacaba las medidas de seguridad implementadas en el país, mostrando a España como un lugar que estaba listo para recibir turistas y también se preocupaba por su bienestar.

La campaña logró viralidad, al alinearse perfectamente con las expectativas del momento, lo que generó confianza entre los viajeros y fortaleció la percepción de España como un destino seguro y atractivo. Fue ampliamente compartida en redes sociales, especialmente por viajeros que querían retomar su pasión por explorar el mundo tras meses de restricciones.

Estar atentos a las tendencias y los momentos clave permite a las campañas conectarse con las emociones del público de forma más eficaz. Aprovechar estas oportunidades no solo mejora la relevancia del mensaje, sino que también lo posiciona como una respuesta proactiva a las necesidades actuales, aumentando su impacto y alcance. Cuando un destino logra sincronizar su comunicación con lo que el mundo necesita en ese instante genera interés y se convierte en un referente.

175

7. Potenciar la difusión en las redes sociales

En el mundo digital, un contenido no puede ser verdaderamente viral si no es fácil de compartir. La facilidad con la que una campaña permite a los usuarios interactuar con su mensaje y compartirlo en diversas plataformas es clave para amplificar su alcance. Esto implica diseñar el contenido de manera estratégica, asegurándose de que sea atractivo, accesible y adaptado a las características de cada red social.

Hoy en día, los usuarios buscan contenido que les interese y que además puedan difundir sin esfuerzo entre su comunidad. Un diseño visual atractivo, un mensaje claro y botones para compartir visibles son elementos que pueden marcar la diferencia. Además, adaptar el contenido a diferentes formatos, como publicaciones breves para X (ex Twitter), vídeos dinámicos para Instagram o explicaciones más detalladas para YouTube aumenta las posibilidades de que el mensaje alcance una audiencia más amplia y variada.

Tras el impacto del huracán María, Puerto Rico lanzó la campaña «Have We Met Yet?» a través de Discover Puerto Rico, su nueva organización de turismo. Esta iniciativa se centró en destacar la cultura y la historia únicas de la isla, diferenciándola de otros destinos del Caribe. La campaña utilizó varios formatos, incluyendo vídeos y contenido en las redes sociales, adaptados a diferentes plataformas y públicos. Además, se ofreció contenido en múltiples idiomas para atraer a los turistas internacionales. La estrategia también incluyó la colaboración con figuras destacadas como Lin-Manuel Miranda, quien protagonizó una serie de vídeos promocionales que se difundieron ampliamente, incluso en los aviones de JetBlue.

La campaña logró revitalizar el interés turístico en Puerto Rico, mostrando al mundo que la isla estaba lista para recibir visitantes nuevamente. La facilidad con la que el contenido podía ser compartido en diversas plataformas y su adaptación a diferentes públicos contribuyó significativamente a su éxito.

Diseñar contenido que se pueda compartir fácilmente y que resuene con diversas audiencias es fundamental para amplificar el alcance de una campaña turística. Al adaptar el mensaje a diferentes formatos y lenguajes, se facilita que los usuarios lo difundan en sus propias redes, y eso aumenta la visibilidad y el impacto del destino promocionado.

177

5.2. La IA en las redes sociales: segmentación y análisis de contenido viral

En el dinámico mundo de las redes sociales, la IA se ha convertido en una herramienta esencial para comprender y segmentar las audiencias y para analizar qué contenido tiene el potencial de volverse viral. Al aprovechar algoritmos avanzados, las empresas pueden identificar patrones en el comportamiento de los usuarios y predecir tendencias, permitiéndoles crear estrategias de marketing más efectivas y personalizadas.

Segmentación de audiencias con IA

La segmentación de audiencias implica dividir a los usuarios en grupos basados en características comunes, como intereses, comportamientos o datos demográficos. La IA mejora este proceso, al analizar grandes volúmenes de datos para identificar patrones que podrían pasar desapercibidos para los analistas humanos. Por ejemplo, hay herramientas de IA que pueden evaluar interacciones pasadas, preferencias de contenido y actividad en línea para crear perfiles detallados de los usuarios. Esto permite a las empresas dirigir sus campañas de manera más precisa, asegurando que el contenido llegue a quienes tienen más probabilidades de interactuar con él.

Comprender qué hace que un contenido se vuelva viral es fundamental para maximizar el alcance en las redes sociales. La IA puede analizar factores como el tono emocional, la estructura del mensaje y el momento de la publicación para predecir la probabilidad de que un contenido sea compartido ampliamente. Por ejemplo, el estudio «ViralBERT: A User Focused BERT-Based Approach to Virality Prediction» presenta un modelo que utiliza características del contenido y del usuario para predecir la viralidad de los tuits, con lo que se logran mejoras significativas de precisión en comparación con métodos anteriores.

Netflix utiliza algoritmos de IA para analizar el comportamiento de visualización de sus usuarios y segmentarlos en grupos con preferencias similares. Esta segmentación les permite personalizar las recomendaciones de contenido para cada usuario, lo que aumenta la probabilidad de que encuentren y vean nuevos programas o películas. Además, al identificar qué tipos de contenido resuenan más con diferentes segmentos, Netflix puede tomar decisiones informadas sobre qué producciones promueven o desarrollan, maximizando el compromiso y la satisfacción del usuario.

Implementación en una estrategia de marketing

Para integrar la IA en la segmentación de audiencias y el análisis de contenido viral, las empresas pueden seguir estos pasos:

1. **Recopilación de datos:** reunir información sobre el comportamiento de los usuarios, interacciones en redes sociales y preferencias de contenido.

2. **Implementación de herramientas de IA:** utilizar plataformas que ofrezcan análisis predictivos y segmentación basada en IA. Por ejemplo, herramientas como Predis.ai ayudan a identificar audiencias para campañas de marketing con mayor precisión, automatizando tareas involucradas en el marketing de las redes sociales.

179

3. **Análisis y ajuste:** evaluar el rendimiento de las campañas y ajustar las estrategias basadas en los *insights* proporcionados por la IA, lo que permite una mejora continua y una adaptación a las tendencias cambiantes del mercado.

Al adoptar la IA en la segmentación de audiencias y el análisis de contenido viral, las empresas pueden crear campañas más efectivas y resonantes que aumenten su alcance y relevancia en el panorama competitivo de las redes sociales.

Conclusión

La viralidad no ocurre por casualidad, es el resultado de una estrategia bien pensada que aprovecha las conexiones emocionales y la autenticidad. Este capítulo ha explorado cómo crear campañas y contenidos que resuenen con el público, utilizando la IA para amplificar el alcance. Cuando un destino conecta de forma auténtica se vuelve viral y deja una huella emocional que los viajeros llevan consigo para siempre.

5.3. Tips clave del capítulo: viralidad y conexión natural

1. **Conocer a la audiencia objetivo:** investigar profundamente en los intereses, deseos y comportamientos emocionales de la audiencia para diseñar mensajes que conecten y resuenen con sus expectativas.

2. **Contar historias auténticas y emocionales:** diseñar narrativas reales que inspiren, emocionen y conecten con los valores de los viajeros, para fomentar un vínculo genuino.

3. **Utilizar contenido visual atractivo:** crear imágenes y vídeos de alta calidad que capturen la esencia del destino y despierten el deseo de explorar y compartir.

4. **Fomentar la participación del usuario:** invitar a la audiencia a formar parte activa de las campañas mediante concursos, *hashtags* o desafíos que generen contenido compartido de forma orgánica.

5. **Colaborar con *influencers* y creadores de contenido:** asociarse con figuras clave para amplificar el alcance de las campañas de manera auténtica y efectiva.

6. **Aprovechar tendencias y momentos oportunos:** diseñar mensajes que se alineen con las dinámicas actuales del mercado, utilizando

eventos o tendencias globales para conectar con las emociones del público.

7. **Potenciar la difusión en redes sociales:** adaptar el contenido a cada plataforma, asegurándose de que sea fácil de compartir y optimizado para alcanzar a audiencias más amplias.

8. **Incorporar IA en la estrategia:** usar IA para segmentar audiencias, analizar patrones emocionales y predecir qué tipo de contenido tiene mayor potencial de viralidad.

9. **Diseñar estrategias emocionales:** crear mensajes centrados en emociones universales como la alegría, la sorpresa o la nostalgia, que impulsan a los usuarios a compartir contenido.

10. **Medir y ajustar:** evaluar continuamente el impacto de las campañas mediante métricas como el alcance, las interacciones y las conversiones, y ajustar las estrategias según los resultados.

La viralidad no es casualidad, sino el resultado de una estrategia emocional y auténtica que conecta profundamente con el público. Con las herramientas adecuadas, cada mensaje puede convertirse en una experiencia compartida que deja una huella emocional duradera.

5.4. Ejercicio práctico: diseño de un plan de comunicación basado en la estrategia del pentágono

Objetivo

Desarrollar un plan de comunicación integral utilizando las cinco variables de la estrategia del pentágono, con herramientas prácticas que ayuden a visualizar y ejecutar cada paso.

Instrucciones paso a paso

1. **Selección del destino**

   - Escoger un destino turístico que inspire (real o ficticio).

- Describir brevemente:

  ◦ Ubicación geográfica.

  ◦ Público objetivo (familias, aventureros, *millennials*, etc.).

  ◦ Atractivos principales que hacen único al destino.

2. **Análisis de las variables del pentágono**

Completar esta tabla de análisis estratégico para conectar las variables clave con las acciones del plan de comunicación:

Variable	Preguntas clave	Respuesta / Ideas clave
Marca	¿Qué representa el destino? ¿Qué emoción o identidad queremos transmitir?	
Atracciones	¿Qué lugares o experiencias motivan la visita? ¿Cómo podemos destacar su valor emocional o único?	
Servicios	¿Qué servicios clave mejoran la experiencia del visitante? ¿Cómo podemos comunicarlos para añadir valor?	
Infraestructuras	¿Qué facilidades (acceso, transporte, conectividad) son relevantes? ¿Cómo las comunicamos para eliminar objeciones?	
Comunicación	¿Qué canales son los más efectivos para llegar al público? ¿Qué tono y estilo conectan mejor con sus aspiraciones?	

3. **Desarrollo del plan de comunicación**

Seguir estos pasos y utilizar las plantillas sugeridas para organizar el plan:

3.1. **Mensaje central**

- Crear un eslogan o mensaje principal:

Ejemplo: «Explorar [destino], donde la historia se une a la aventura».

- Asegurarse de que sea emocional, claro y alineado con la identidad de la marca.

3.2. Elección de canales

- Completar esta tabla de selección de canales:

Canal	Público objetivo	Formato recomendado	Frecuencia
Instagram	Jóvenes viajeros	Imágenes inspiradoras y reels	3-4 veces por semana
Blog turístico	Familias y aventureros	Artículos detallados con itinerarios	1 vez por semana
Publicidad digital	Público internacional	Anuncios cortos con videos emocionales	Según campaña

3.3. Calendario de contenidos

183

- Planificar un cronograma mensual.

Ejemplo básico

Fecha	Canal	Contenido	Variable destacada	Objetivo
5 enero	Instagram	Foto del paisaje + "Explora [destino]"	Atracciones	Generar interés emocional.
10 enero	Blog	Artículo sobre actividades familiares	Servicios	Informar y educar.
15 enero	YouTube	Video corto sobre accesibilidad y conectividad	Infraestructuras	Resolver posibles objeciones.

3.4. Pruebas y ajustes

- Definir cómo medir el impacto:

  - **Métricas:** alcance, clics, interacciones, conversiones.

  - **Herramientas:** Google Analytics, Hootsuite, Meta Ads Manager.

- Planificar posibles ajustes:

  - Cambiar el formato o mensaje si un canal tiene baja interacción.

  - Optimizar la segmentación si el público no responde como se espera.

4. Reflexión final

- **Escribir un breve análisis:**

  - ¿Qué se ha aprendido al aplicar la estrategia del pentágono al plan de comunicación?

  - ¿Cómo se podrían adaptar estos pasos a otros sectores o proyectos?

Propósito del ejercicio

Este ejercicio proporciona un enfoque estructurado, práctico y fácil de seguir que enseña a diseñar un plan de comunicación y muestra cómo alinear cada acción con las variables del pentágono para maximizar su impacto.

6. Medición y optimización

Cómo construir un sistema efectivo de medición

6.1. Indicadores clave: evaluar el éxito de las estrategias comunicativas
6.2. IA para gestión de reseñas: monitorización y respuesta automática.
6.3. Tips clave del capítulo: medición y optimización
6.4. Ejercicio práctico: panel de indicadores clave

Una vez implementada la estrategia de comunicación y viralidad, es fundamental medir su impacto. En este capítulo final, exploraremos cómo los indicadores clave y la mejora continua aseguran el éxito y la sostenibilidad de las acciones desarrolladas.

6.1. Indicadores clave: evaluar el éxito de las estrategias comunicativas

185

En el vasto mundo del marketing turístico, diseñar estrategias impactantes es solo la mitad del desafío. La verdadera clave del éxito radica en medir su efectividad y optimizarlas constantemente. Esto no solo permite evaluar lo que funciona y lo que no, sino que también asegura que los recursos invertidos generen el máximo retorno posible. Aquí es donde la estrategia del pentágono desempeña un papel esencial, ya que cada una de sus variables (Marca, Atracciones, Servicios, Infraestructuras y Comunicación) puede ser monitoreada y optimizada utilizando indicadores clave KPI específicos (*Key Performance Indicators* o indicadores clave de rendimiento).

Imaginemos un destino turístico que ha implementado una campaña para atraer a familias durante las vacaciones de verano. La estrategia incluye promociones en redes sociales, mejoras en la infraestructura de playas y nuevos servicios adaptados a niños. Sin la medición de los resultados, sería imposible determinar si estos están alcanzando a su público objetivo o generando un impacto positivo en la experiencia del turista. La medición no solo aporta claridad, sino que también proporciona la guía necesaria para ajustar el rumbo en tiempo real si es necesario.

Indicadores clave de rendimiento (KPI) en la estrategia del pentágono

Los KPI son métricas utilizadas para medir el rendimiento y el éxito de una acción, estrategia o proceso en función de objetivos previamente establecidos. En el contexto turístico, los KPI permiten evaluar el impacto y la efectividad de diferentes aspectos:

1. Marca: evaluando la percepción y el reconocimiento

La marca de un destino debe ser memorable y relevante, lo que se evalúa a través de indicadores clave como el reconocimiento y el sentimiento de marca. El reconocimiento mide cuántas personas identifican el destino tras una campaña publicitaria, mientras que el sentimiento analiza la percepción pública mediante herramientas de escucha social, ofreciendo una visión más profunda de cómo es recibido el mensaje del destino.

Un ejemplo es Turespaña, que realiza encuestas periódicas para evaluar la percepción de la marca España tras campañas como «España te espera». Estas encuestas permiten medir tanto el impacto de las acciones promocionales como la satisfacción de los viajeros, aportando datos valiosos para ajustar estrategias y reforzar la conexión emocional con el público. Este enfoque demuestra que el análisis continuo fortalece la identidad y la relevancia de un destino en los mercados internacionales.

2. Atracciones: midiendo el impacto en la experiencia del turista

Las atracciones turísticas son fundamentales para un destino. Su éxito se evalúa a través de indicadores como la afluencia de visitantes y su grado de satisfacción. La afluencia mide la cantidad de personas que visitan una atracción en un período específico, mientras que la satisfacción se recoge en las encuestas posvisita. Estas métricas permiten entender mejor el impacto de las atracciones en la experiencia del turista y tomar decisiones para mejorar su gestión.

Un ejemplo destacado es el Proyecto «5G CityBrain» en Granada, que utiliza tecnología de IA y 5G para monitorizar en tiempo real el flujo de turistas en la Alhambra. Este sistema recopila datos sobre la afluencia y los analiza para ajustar estrategias en función de la capacidad del lugar y la experiencia de los visitantes. Esta innovación no solo optimiza la gestión de la atracción, sino que también contribuye a preservar su patrimonio cultural y mejorar la experiencia del turista, demostrando el potencial de la tecnología en la gestión inteligente de destinos.

187

3. Servicios: optimizando la calidad y el uso

La calidad de los servicios es un pilar fundamental en la experiencia turística, ya que influye directamente en la percepción del destino. Evaluar esta calidad requiere el análisis de indicadores clave como las opiniones en plataformas digitales, donde los visitantes califican y comparten sus experiencias en lugares como TripAdvisor o Google My Business. Estas reseñas no solo ofrecen un termómetro de satisfacción, sino que también impactan la reputación *online* y el poder de atracción de los servicios turísticos.

Otro indicador crucial es la tasa de ocupación, que mide el porcentaje de uso de los servicios como hoteles, restaurantes y actividades. Este dato refleja la eficiencia en la oferta y permite identificar oportunidades para optimizar los recursos, ajustar las estrategias de promoción y garantizar una experiencia acorde con las expectativas de los turistas. En conjunto, estas métricas permiten a los destinos y las empresas turísticas identificar puntos fuertes y áreas de mejora, para asegurar que cada visitante disfrute de un servicio de calidad y un viaje memorable.

En Tenerife, los hoteles están utilizando herramientas digitales avanzadas para monitorizar en tiempo real la satisfacción de sus huéspedes, recopilando reseñas y comentarios de plataformas como TripAdvisor, booking.com y encuestas internas. Estas herramientas, integradas con sistemas de IA, analizan automáticamente las opiniones para identificar patrones y áreas de mejora, lo que permite a los equipos de servicio responder de forma rápida y personalizada. Esto no solo ayuda a resolver problemas durante la estancia, sino que también fortalece la reputación *online* del hotel al mejorar la experiencia del cliente.

188

Estas tecnologías, como ReviewPro y TrustYou, centralizan el *feedback* y generan reportes que facilitan la toma de decisiones estratégicas. Los hoteles pueden ajustar sus operaciones y personalizar sus servicios según las expectativas detectadas, optimizando procesos y elevando los estándares de calidad. Este enfoque innovador está transformando la industria turística en Tenerife, pues provee de experiencias más satisfactorias para los visitantes y fortalece la competitividad del destino.

4. Infraestructuras: gestionando recursos y sostenibilidad

Las infraestructuras juegan un papel esencial en el turismo, ya que deben garantizar una experiencia fluida para los visitantes mientras preservan el entorno y la sostenibilidad del destino. Los indicadores clave, como la capacidad y el uso, evalúan si algunos elementos, como el transporte, las playas o los espacios públicos, están preparados para gestionar el flujo turístico sin provocar saturaciones. Además, el impacto ambiental, medido mediante indicadores como la huella de carbono o la generación de residuos por visitante, asegura que el desarrollo turístico sea responsable y respetuoso con el entorno.

Un ejemplo destacado es la Feria de Abril de Sevilla, donde se han implementado cámaras con IA para monitorizar la afluencia en tiempo real. Estas cámaras controlan el flujo de personas en los accesos y dentro del recinto, para evitar saturaciones, garantizar la seguridad y mejorar la gestión de los recursos. Este enfoque no solo optimiza el uso de las infraestructuras, sino que también contribuye a la sostenibilidad al prevenir impactos negativos asociados a la masificación. También establece un modelo de gestión replicable en otros eventos turísticos.

189

5. Comunicación: midiendo el alcance y la efectividad

La comunicación es el puente esencial entre un destino turístico y sus visitantes. Su efectividad se mide a través de indicadores clave, que reflejan el alcance y el impacto de las campañas. Entre estos indicadores destacan las interacciones en las redes sociales, como el número de clics, las comparticiones y los comentarios, que muestran cómo los usuarios responden al contenido promocional. Además, la tasa de conversión evalúa cuántos usuarios realizan una acción concreta, como hacer una reserva o compra, después de interactuar con una campaña, lo que refleja su éxito en influir en las decisiones del viajero.

Un ejemplo destacado es la campaña «La Ruta de los Likes» de MAPFRE, que utilizó Instagram para promover destinos turísticos y medir el impacto de sus publicaciones a través de la participación generada. Esta estrategia permitió analizar el nivel de interacción del público objetivo, adaptando futuros contenidos para maximizar la conexión emocional con los usuarios. Al centrarse en métricas como la participación y la conversión, esta campaña demuestra que una comunicación bien diseñada puede reforzar la relación entre el viajero y el destino, impulsando la atracción turística y las acciones concretas.

190

La medición y la optimización no son pasos finales, sino procesos continuos que aseguran que las estrategias se mantienen relevantes y efectivas. Integrar esta práctica en la estrategia del pentágono permite a los destinos identificar fortalezas, abordar áreas de mejora y, lo más importante, mantener el equilibrio entre las variables clave. Al medir y ajustar constantemente se maximiza el impacto de las estrategias comunicativas y también se confirma que cada acción realizada deje una huella positiva tanto en el turista como en el destino.

IA para análisis avanzado: extraer *insights* en tiempo real y ajustar mensajes con precisión

En el corazón de una estrategia de comunicación efectiva está la capacidad de comprender, en tiempo real, lo que los turistas necesitan y cómo responder a los mensajes que reciben. Aquí es donde la IA revoluciona la comunicación estratégica, al procesar vastas cantidades de datos y traducirlos en *insights* prácticos que permiten ajustar los mensajes con precisión. Pero este análisis no ocurre en un vacío; encuentra su máximo potencial cuando se integra con la estrategia del pentágono, equilibrando las cinco variables clave: Marca, Atracciones, Servicios, Infraestructuras y Comunicación.

Para poner un ejemplo claro, pensemos en un turista que visita Lanzarote buscando experiencias únicas en la naturaleza. Mientras consulta su móvil, recibe recomendaciones personalizadas para participar en una actividad de fotografía astronómica, adaptada a su perfil y las condiciones climáticas actuales. Este nivel de personalización no solo mejora su experiencia, sino que también refuerza la Marca del destino, promueve Atracciones específicas, optimiza Servicios locales y utiliza Infraestructuras de manera sostenible. La IA permite ofrecer este tipo de experiencias y asegura que el mensaje llegue en el momento y el formato más efectivo.

Ejemplo: análisis y adaptación en Mallorca

El Observatorio de Turismo Sostenible de Mallorca ha implementado un sistema de inteligencia turística (SIT) que utiliza tecnologías avanzadas como *big data*, *business intelligence* y *machine learning* para analizar en tiempo real los datos relacionados con la ocupación hotelera, el flujo de visitantes y el impacto económico del turismo en la isla. Este sistema permite obtener e integrar información de diversas fuentes, lo cual facilita una comprensión profunda de las tendencias turísticas y el comportamiento de los visitantes.

191

Gracias a este análisis detallado, el observatorio puede ajustar sus campañas promocionales de manera más efectiva, alineándolas con las tendencias detectadas, como el creciente interés por el turismo sostenible. Al monitorizar indicadores económicos, sociales y ambientales, el SIT contribuye a una gestión más responsable y sostenible del turismo en Mallorca, posicionando a la isla como un destino líder en calidad y desarrollo sostenible.

La integración de la IA para el análisis avanzado no solo transforma la manera en que los destinos comprenden y se comunican con sus visitantes, sino que también refuerza la coherencia y el equilibrio de la estrategia del pentágono. Al extraer *insights* precisos y en tiempo real, se pueden ajustar mensajes que informan, inspiran y conectan emocionalmente con el turista, lo que garantiza que las experiencias sean personalizadas y memorables. Este enfoque asegura que cada interacción sea una oportunidad para mejorar y evolucionar, tanto para el visitante como para el destino.

6.2. IA para gestión de reseñas: monitorización y respuesta automática

En la era digital, las reseñas en línea son fundamentales para la reputación de cualquier negocio. Sin embargo, gestionar y responder a cada comentario puede ser una tarea abrumadora. Aquí es donde la IA se convierte en una aliada invaluable para monitorizar y dar respuesta automática al *feedback* de los clientes de manera eficiente y personalizada.

Monitorización de reseñas con IA

La IA ha transformado la gestión de las reseñas al permitir analizar en tiempo real el sentimiento detrás de cada opinión. Plataformas como Podium y Birdeye no solo recopilan automáticamente comentarios de Google, TripAdvisor y redes sociales, sino que los procesan para identificar rápidamente si son positivos, negativos o neutros.

Por ejemplo, si un cliente escribe: «El personal fue amable, pero la habitación no estaba lista a tiempo», la IA detecta aspectos positivos y negativos en un solo comentario. Este análisis ayuda a priorizar acciones, como resolver problemas de logística o destacar buenas prácticas. Además, estas herramientas generan informes que identifican patrones comunes, lo que permite a las empresas tomar decisiones estratégicas basadas en datos concretos. Este enfoque asegura una respuesta más eficiente y personalizada, y fortalece la relación con el cliente.

Respuesta automática personalizada

La IA ha hecho posible responder a las reseñas de manera rápida y personalizada, con el objetivo de fortalecer la relación con los clientes. La herramienta Joombo Reviews analiza el contenido de cada comentario y genera respuestas automáticas adaptadas al tono y mensaje del cliente.

Por ejemplo, si un turista escribe: «El hotel estaba impecable, pero la comida podría mejorar», la IA crea una respuesta que agradece el elogio y aborda la crítica con empatía, como: «Gracias por destacar la limpieza de nuestras instalaciones. Lamentamos que la comida no haya cumplido tus expectativas y trabajaremos para mejorar este aspecto». Este enfoque evita respuestas genéricas y refuerza la sensación de cuidado individual, mostrando profesionalismo y compromiso con la satisfacción del cliente.

Casos reales de implementación

- wiReply: esta solución basada en IA automatiza la respuesta a las reseñas de Google. Permite que las empresas gestionen de manera eficiente los comentarios recibidos y mejoren su reputación en línea.

- Trusted Shops: con su herramienta Smart Review Assistant genera respuestas automáticas y personalizadas a las opiniones de los clientes, ahorrando tiempo y mejorando la calidad de la interacción.

Beneficios de la IA en la gestión de reseñas

- **Eficiencia**: automatizar la monitorización y respuesta reduce significativamente el tiempo dedicado a estas tareas.

- **Consistencia**: la IA asegura que todas las respuestas mantengan un tono coherente y profesional.

- **Mejora de la reputación**: una gestión proactiva y personalizada de las reseñas fortalece la imagen de la empresa y fomenta la lealtad del cliente.

En resumen, la implementación de la IA en la gestión de reseñas permite a las empresas no solo mantener una comunicación efectiva con sus clientes, sino también mejorar continuamente sus servicios basándose en el *feedback* recibido. Adoptar estas tecnologías es un paso hacia una relación más sólida y satisfactoria con el cliente en el entorno digital actual.

Conclusión

La medición de resultados es un pilar fundamental en cualquier estrategia turística que aspire a la mejora continua. Los indicadores clave de rendimiento (KPI) permiten evaluar el éxito de las acciones implementadas y proporcionan información estratégica para optimizar las decisiones y redirigir los esfuerzos hacia lo que realmente impacta en el desarrollo del destino.

Al utilizar herramientas de medición precisas y adaptadas a las necesidades del destino, es posible identificar qué variables funcionan correctamente y cuáles requieren ajustes. La tasa de conversión, la satisfacción del visitante y el impacto ambiental son solo algunos ejemplos de métricas que conectan directamente con la calidad de la experiencia turística y la sostenibilidad del destino.

194

La optimización es un proceso aislado y un ciclo continuo: medir, analizar y ajustar. Este enfoque garantiza que las estrategias evolucionen en función de los resultados obtenidos y las nuevas tendencias del mercado, lo que permite así a los gestores y consultores turísticos actuar de manera proactiva y eficiente.

En definitiva, medir es aprender y optimizar es crecer. La correcta aplicación de indicadores no solo valida el desempeño actual, sino que sienta las bases para un destino turístico equilibrado, competitivo y sostenible a largo plazo.

6.3. Tips clave del capítulo: medición y optimización

1. **Identificar indicadores clave (KPI):** seleccionar métricas específicas para cada variable del pentágono (Marca, Atracciones, Servicios, Infraestructuras y Comunicación) que permitan evaluar el éxito de las estrategias.

2. **Evaluar la percepción de la marca:** usar herramientas como encuestas y análisis de menciones en las redes sociales para medir el reconocimiento y el sentimiento hacia la marca del destino.

3. **Monitorear atracciones turísticas:** analizar la afluencia de visitantes y la satisfacción mediante encuestas y sistemas de seguimiento en tiempo real.

4. **Optimizar la calidad de los servicios:** recopilar y analizar reseñas en plataformas digitales para identificar fortalezas y áreas de mejora en la experiencia del visitante.

5. **Gestionar infraestructuras de manera sostenible:** medir la capacidad, el uso y el impacto ambiental de las infraestructuras turísticas, como la huella de carbono y la generación de residuos.

6. **Analizar la efectividad de la comunicación:** monitorear las interacciones en las redes sociales, los clics, las conversiones y otras métricas para ajustar las estrategias de alcance y contenido.

195

7. **Incorporar IA:** utilizar IA para segmentar audiencias, predecir tendencias y generar respuestas automáticas a reseñas, para mejorar la eficiencia y personalización de las estrategias.

8. **Diseñar un panel de control:** crear un tablero de indicadores que centralice y visualice las claves métricas, lo que favorece un análisis claro y rápido del desempeño de las estrategias.

9. **Ajustar continuamente:** evaluar los resultados de las métricas para optimizar estrategias, redirigir recursos y mejorar la experiencia del visitante de manera constante.

10. **Integrar medición y sostenibilidad:** asegurar que midan el rendimiento y fomenten prácticas responsables y sostenibles en el destino.

Medir es aprender y optimizar es crecer. Con un sistema efectivo de medición evaluamos el impacto de las estrategias desarrolladas, lo que garantizará un desarrollo sostenible y equilibrado para el destino.

6.4. Ejercicio práctico: panel de indicadores clave

Instrucciones

El panel de indicadores clave es una herramienta que centraliza y organiza métricas importantes para medir el impacto de las estrategias. Se puede utilizar esta guía para seleccionar los KPI más relevantes, configurarlos y visualizar los resultados en un tablero.

Lista de KPI sugeridos

1. **Reconocimiento de marca**

Métrica: porcentaje de personas que reconocen la marca/destino tras una campaña.

Herramientas: encuestas, Google Trends, análisis de menciones en redes sociales.

Ejemplo: incremento del 15 % en las búsquedas del destino tras una campaña en las redes sociales.

2. **Afluencia de visitantes**

Métrica: número total de visitantes a una atracción o destino en un período específico.

Herramientas: contadores físicos, datos de *ticketing*, Google Analytics.

Ejemplo: 10.000 visitantes mensuales durante la temporada alta.

3. **Tasa de conversión en campañas**

Métrica: proporción de usuarios que realizan una acción deseada (reserva, compra, suscripción) tras interactuar con una campaña.

Herramientas: Google Ads, plataformas de gestión de campañas como HubSpot.

Ejemplo: un 5 % de los clics en un anuncio de Google se convierte en reservas.

197

4. **Satisfacción del visitante:**

Métrica: puntuación promedio de satisfacción en encuestas o plataformas como Google o TripAdvisor.

Herramientas: encuestas posvisita, sistemas de reseñas.

Ejemplo: calificación promedio de 4,5 estrellas en Google Reviews.

5. **Impacto ambiental**

Métrica: huella de carbono generada por visitante o volumen de residuos gestionados.

Herramientas: calculadoras de huella ambiental, sistemas de gestión de residuos.

Ejemplo: reducción del 10 % en la generación de residuos plásticos en un año.

Cómo construir un tablero básico.

Paso 1. Selección de herramientas

Utilizar herramientas como Google Sheets, Microsoft Excel o plataformas de visualización como Tableau o Google Data Studio.

Paso 2. Estructuración del panel

Organizar el panel en tres columnas principales:

- **KPI:** dar el nombre del indicador clave.

- **Valor actual:** mostrar el valor medido para el período actual.

- **Meta:** definir el objetivo esperado para el KPI.

Ejemplo:

Indicador clave de rendimiento	Valor actual	Objetivo
Reconocimiento de marca	70 %	85 %
Afluencia de visitantes	12.000	15.000
Tasa de conversión	4 %	6 %
Satisfacción del visitante	4,2/5	4,5/5
Impacto ambiental	2,5 toneladas	2 toneladas

Paso 3. Visualización

Agregar gráficos simples para representar tendencias a lo largo del tiempo:

– Gráficos de líneas para indicadores como «Afluencia de visitantes».

– Barras para comparar «Valor actual» y «Objetivo».

– Indicadores circulares para mostrar el progreso hacia las metas (por ejemplo, % de alcance).

Ejemplo: imaginemos que se está evaluando la influencia de visitantes en una atracción turística durante un período de tres meses.

1. **Gráfico de líneas para «Afluencia de visitantes»**

   - **Contexto:** se quiere analizar cómo ha variado el número de visitantes mensualmente.

   - **Ejemplo:** un gráfico de líneas podría mostrar que en enero hubo 5.000 visitantes, en febrero 6.500 y en marzo 8.000. Esto permite identificar una tendencia alza.

2. **Gráfico de barras para «Valor actual» frente a «Objetivo»**

   - **Contexto:** comparar los visitantes reales con el objetivo establecido para cada mes.

   - **Ejemplo:** una barra representa el objetivo de 6.000 visitantes en febrero, mientras que otra muestra el valor real de 6.500. Esto indica que el objetivo se superó.

3. **Indicador circular para «% de alcance»**

   - **Contexto:** muestra el progreso hacia la meta anual de afluencia (por ejemplo, 80.000 visitantes en el año).

   - **Ejemplo:** el indicador circular podría mostrar que, al finalizar marzo, ha alcanzado el 25 % del objetivo anual, lo que permite evaluar si vas por buen camino para cumplirlo.

199

▶ # TERCERA PARTE

Aplicación práctica de la estrategia del pentágono

Transformando Morille y Tánger en un caso de éxito turístico

Introducción

El turismo es una oportunidad única para contar historias, construir experiencias y proyectar destinos hacia el futuro. Pero, para que un destino alcance todo su potencial, necesita más que una propuesta interesante; requiere una estrategia clara, un plan que conecte sus valores intrínsecos con el mundo exterior. En esta tercera parte ponemos en acción la estrategia del pentágono como una herramienta que analiza y diseña un plan de comunicación estratégico 360° capaz de transformar destinos y posicionarlos en un mercado turístico cada vez más competitivo.

A través de este enfoque, exploraremos dos casos que ejemplifican la aplicación del modelo en contextos completamente distintos. Por un lado, Morille, un pequeño pueblo en Salamanca, cuya singularidad cultural y artística representa un reto fascinante para crear una narrativa coherente y una comunicación que lo proyecta más allá de sus fronteras. Por otro lado, Tánger, una ciudad cargada de historia y diversidad, que se presenta como un escenario ideal para mostrar cómo esta metodología puede sintetizarse en un contexto de mayor complejidad y escala.

La estrategia del pentágono nos servirá para realizar un diagnóstico inicial de cada destino, identificando fortalezas, debilidades y oportunidades en sus cinco variables clave: Marca, Atracciones, Servicios, Infraestructuras y Comunicación. El verdadero valor de esta metodología radica en el análisis y en su capacidad para trazar un plan de comunicación estratégico que conecte esas variables y transforme el potencial en acción. Morille será nuestro laboratorio en profundidad, donde cada detalle del modelo será explorado y desarrollado. Tánger, en cambio, se abordará desde una narrativa más sintética, pero no menos inspiradora, con un diseño esquemático que permita comprender la versatilidad y aplicabilidad del método.

Esta tercera parte es un análisis profesional y una invitación a imaginar y construir. La elección de Morille y Tánger no es fortuita: juntos representan la amplitud de este modelo, desde pequeños pueblos rurales hasta ciudades con proyección internacional. Porque el turismo, cuando está guiado por un plan estratégico bien diseñado, tiene el poder de transformar destinos y las vidas de quienes los habitan y los visitan.

Al final de este recorrido, el lector entenderá cómo funciona la estrategia del pentágono y estará preparado para aplicarla, adaptarla y convertirla en su aliada para trazar planos de comunicación 360° que impulsen destinos hacia el éxito. Porque, en un mundo lleno de posibilidades, cada destino tiene una historia esperando ser contada.

Nota preliminar

El propósito principal de esta investigación es ilustrar de manera práctica la metodología, destacando su versatilidad y potencial utilidad para desarrollar estrategias turísticas integrales.

Es importante señalar que los resultados y conclusiones aquí expuestos son hipotéticos y se construyen a partir de un enfoque comparativo con dinámicas observadas en otros destinos turísticos. Esto tiene como objetivo principal demostrar su lógica y efectividad en un contexto práctico.

203

Asimismo, reconocemos que el lector no tiene por qué estar de acuerdo con los análisis o propuestas presentadas aquí. Lejos de pretender ofrecer una visión única o definitiva, este trabajo busca fomentar la reflexión, el debate constructivo y la comprensión del modelo como una herramienta que puede adaptarse a distintas realidades y necesidades.

Por último, este capítulo no busca invalidar otras perspectivas ni desestimar análisis alternativos. Su único fin es contribuir a la explicación práctica del método, proporcionando un marco para imaginar nuevas posibilidades en la planificación turística.

1.2. Morille: donde el arte respira y los sueños esperan despertar

A veinte kilómetros de Salamanca, entre las encinas que pintan la dehesa charra y un horizonte de calma inquebrantable, se encuentra Morille. Este no es un pueblo cualquiera; es un lugar donde el tiempo parece detenerse, no por inercia, sino para dar espacio a las grandes ideas. Morille es una paradoja vibrante: pequeño en tamaño, pero inmenso en su visión.

Al cruzar su entrada, un cartel reza «Respire hondo», invitando a los visitantes a detenerse, a inhalar profundamente la esencia de un lugar que vive entre el pasado y el futuro. Este es un refugio, un santuario donde la naturaleza y el arte se entrelazan para ofrecer una experiencia que se vive y se siente profundamente.

El Cementerio del Arte, el alma de Morille, es mucho más que un espacio cultural, es una declaración de intenciones. Aquí, las obras no solo se exponen, también descansan bajo tierra, como si fueran semillas de creatividad que esperan germinar en la imaginación de quienes las descubren. Son esculturas al aire libre que desafían al tiempo y al clima, mientras las lápidas artísticas narran historias que solo los más curiosos están dispuestos a descifrar. Es un concepto tan audaz que podría pertenecer a cualquier capital cultural del mundo, pero aquí está, en un pequeño rincón de Salamanca.

Sin embargo, Morille es más que su Cementerio del Arte, es un poema vivo escrito con las pinceladas de su paisaje, la devoción que emana de su iglesia renacentista y el murmullo de los peregrinos que recorren la Vía de la Plata. Cada verano, el Festival PAN (Poesía, Arte y Naturaleza) transforma el pueblo en un hervidero de creatividad, atrayendo a artistas y poetas de todo el mundo. Es un momento donde las colinas de la dehesa se llenan de palabras, colores y emociones que parecen quedar suspendidas en el aire.

Un lugar de contrastes y promesas

Pero no todo en Morille es perfecto. Como una obra maestra inacabada, este pequeño pueblo también tiene sus sombras. Su propuesta cultural, aunque fascinante, carece de una narrativa cohesiva que la conecte con el mundo exterior. Sus atracciones son únicas, pero están aisladas; sus visitantes, cautivados, pero de paso. Los servicios que podrían convertir una visita en una estancia memorable apenas existen y las infraestructuras, aunque funcionales, no invitan a quedarse.

El potencial de Morille es tan evidente como frustrante. Es un diamante en bruto que necesita ser pulido, una melodía hermosa que aún busca su armonía. Con las herramientas adecuadas, este lugar podría convertirse en un referente cultural, no solo en Salamanca, sino en el mundo entero.

1.2.1. Análisis de Morille a través de las cinco variables del pentágono

El análisis de un destino turístico requiere comprender sus fortalezas y debilidades a través de un enfoque sistemático que permita identificar las áreas de mejora y las oportunidades de crecimiento. En el caso de Morille, aplicaremos las cinco variables de la estrategia del pentágono (Marca, Atracciones, Servicios, Infraestructuras y Comunicación) como base para trazar un mapa detallado de su situación actual.

El gráfico del perímetro de la estrategia del pentágono nos muestra la situación desequilibrada entre las variables clave. Este gráfico actúa como un termómetro visual del estado de Morille y sirve como referencia para guiar nuestro análisis. Las puntuaciones reflejan las percepciones actuales del destino, destacando las áreas con mayor fortaleza y aquellas que necesitan atención.

1. Marca: identidad y posicionamiento

La marca es el pilar que define la identidad de un destino y cómo este se percibe por parte de los visitantes. En el caso de Morille, su marca actual presenta una propuesta atractiva pero difusa, con un potencial subyacente que aún no se ha materializado completamente.

Identidad: el alma de Morille

El lema «Respire hondo» transmite una sensación de calma y desconexión, apelando a los visitantes que buscan escapar del ruido y la prisa de la vida moderna; sin embargo, aunque evocador, no refleja la riqueza cultural y creativa que define al pueblo. La profundidad de su oferta, liderada por el Cementerio del Arte, queda en segundo plano frente a un lema que no conecta directamente con su esencia disruptiva y cultural.

El Cementerio del Arte, su principal atractivo, es un concepto único a nivel mundial: allí las obras de arte no solo se exponen, sino que «se entierran», simbolizando el descanso y la perpetuidad del arte. Este concepto podría ser el eje central de su identidad, posicionaría a Morille como un santuario para la creatividad y la reflexión artística. Sin embargo, esta idea no está integrada en su comunicación de marca, con lo que deja una brecha entre lo que ofrece y cómo se percibe.

Percepción externa: una identidad fragmentada

Aunque Morille tiene un gran potencial para posicionarse como referente cultural, su imagen carece de cohesión y notoriedad. Los visitantes que descubren el pueblo suelen quedar encantados con su singularidad, pero la falta de una narrativa clara y consistente dificulta que el pueblo trascienda como destino de referencia.

- **Visibilidad:** Morille es poco conocido fuera del ámbito local y regional. Su cercanía a Salamanca, una ciudad de gran atractivo turístico, representa una oportunidad desaprovechada para captar la atención de visitantes nacionales e internacionales.

- **Conexión emocional:** una marca efectiva crea una conexión emocional con su público. En este aspecto, Morille tiene una base rica que no está siendo utilizada. Su propuesta cultural, que combina arte, naturaleza e historia, tiene el potencial de resonar profundamente con turistas en busca de experiencias significativas.

El gráfico: diagnóstico de la marca

En el gráfico del perímetro de la estrategia del pentágono, la variable Marca se encuentra en una posición media; esto refleja una identidad con una base definida, pero sin una proyección clara que permita convertir a Morille en un destino competitivo. Su fortaleza intrínseca radica en su autenticidad y su propuesta cultural única, pero la falta de cohesión y promoción limita su impacto.

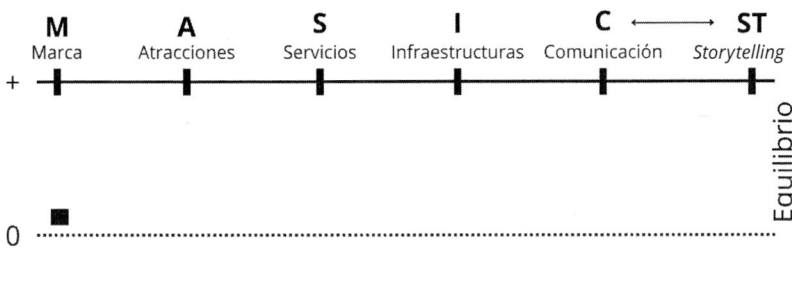

207

Aspectos clave para la marca de Morille

1. **Coherencia narrativa:** la marca de un destino no es solo un eslogan o un logotipo, es una historia que los visitantes cuentan después de haber estado allí. Para Morille, esto implica construir una narrativa que conecte el lema, las atracciones y las experiencias ofrecidas, destacando su carácter disruptivo y su papel como epicentro de la creatividad.

2. **Proyección cultural:** Morille tiene la capacidad de posicionarse como destino cultural de referencia, pero necesita proyectar esta identidad más allá de sus fronteras. Esto implica no solo visibilidad, sino también asociar su marca con valores como la autenticidad, la creatividad y la reflexión artística.

3. **Cercanía estratégica:** su ubicación, a tan solo 23 kilómetros de Salamanca, lo convierte en un destino perfecto para excursiones de un día, pero esta ventaja competitiva no está siendo suficientemente explotada. La marca debe comunicar cómo Morille complementa y enriquece la experiencia de visitar Salamanca, atrayendo tanto a turistas internacionales como a locales.

4. **Conexión con el público:** la marca debe hablar directamente al corazón de su público objetivo: viajeros en busca de autenticidad, cultura y desconexión. Esto implica crear mensajes y experiencias que resalten los valores únicos de Morille.

2. Atracciones: singularidad y valor experiencial

Morille cuenta con un conjunto de atracciones que lo convierten en un destino cultural y natural único: desde su emblemático Cementerio del Arte hasta espacios menos conocidos pero igualmente valiosos. El pueblo ofrece una riqueza de recursos que, aunque potentes individualmente, carecen de integración para conformar una experiencia unificada.

Principales recursos y espacios

Cementerio del arte
Esta joya cultural combina arte contemporáneo y reflexión filosófica, destacándose como una de las iniciativas más innovadoras de la región. Las esculturas al aire libre y las piezas enterradas conforman un espacio que invita a la introspección y el debate sobre la perpetuidad del arte.

Museo y edificio CEVMO (Centro de Exposiciones de Morille)
Este espacio ofrece exposiciones temporales y permanentes que complementan la narrativa cultural del pueblo, funcionando como un punto de encuentro para artistas y visitantes.

Espacio SEMSO (Sala de Encuentros Multidisciplinar Sociocultural)
Diseñado para albergar actividades multidisciplinarias, este espacio enriquece la oferta cultural con talleres, conferencias y eventos que potencian la participación comunitaria.

Corral municipal de razas autóctonas

Un espacio que celebra la biodiversidad y las tradiciones rurales, permitiendo a los visitantes conectar con la esencia ganadera de la dehesa salmantina.

Esculturas y patrimonio natural

La ubicación de Morille, en plena dehesa charra, ofrece paisajes idílicos para quienes buscan desconexión y contacto con la naturaleza. Las esculturas al aire libre integradas en el paisaje refuerzan la identidad artística del pueblo.

Eventos y festejos

Durante el año se organizan eventos, como el Festival PAN (Poesía, Arte y Naturaleza), y otras actividades culturales y tradicionales. Estos eventos, aunque vibrantes, suelen atraer al mismo público local, debido a la falta de promoción efectiva hacia un espectro más amplio de visitantes.

Limitaciones y desafíos

- **Desconexión entre recursos:** aunque las atracciones de Morille son singulares, no están integradas en una narrativa coherente ni en una experiencia turística conjunta. Esto genera visitas aisladas en lugar de estancias prolongadas.

- **Falta de promoción:** los eventos y los espacios culturales no logran captar la atención de un público más amplio. La comunicación limitada y la ausencia de estrategias de alcance restringen el impacto de estas iniciativas.

Diagnóstico a través del gráfico

En el gráfico del perímetro de la estrategia del pentágono, las atracciones son la variable mejor posicionada, reflejan su potencial intrínseco; sin embargo, este posicionamiento también subraya la necesidad de mejorar su integración y promoción para alcanzar un impacto pleno.

M	A	S	I	C	ST
Marca	Atracciones	Servicios	Infraestructuras	Comunicación	Storytelling

3. Servicios: la experiencia del visitante

Los servicios que ofrece un destino no solo determinan la calidad de la experiencia del visitante, sino también su capacidad para atraer y retener a un público diverso. En el caso de Morille, esta variable muestra importantes carencias, aunque también se vislumbran avances que podrían transformar significativamente la experiencia turística en los próximos años.

Análisis de los servicios actuales

1. **Alojamientos**

Morille cuenta actualmente con dos albergues, destinados principalmente a los peregrinos que transitan la Ruta de la Plata, así como con algunas casas rurales y apartamentos turísticos. Aunque estos recursos ofrecen opciones para pasar la noche, carecen de diferenciación y de una alineación clara con la identidad cultural del pueblo, lo que limita su atractivo para turistas interesados en estancias más prolongadas o temáticas.

2. **Gastronomía y comercio**

El pueblo dispone de un único bar, que está orientado principalmente a los residentes locales, lo que deja un vacío en la oferta gastronómica para los visitantes. Este es un aspecto crítico que impacta directamente en la percepción de Morille como un destino acogedor para el turismo.

En el horizonte se vislumbran mejoras importantes, como la apertura de una tienda con vivienda que dará servicio tanto a los vecinos como a los visitantes, donde se ofrecerán productos de la zona, bebidas y comida alternativa. Además, la posible inauguración de un restaurante en 2025 promete diversificar y enriquecer la experiencia gastronómica.

3. **Facilidades y servicios complementarios**

Actualmente, Morille carece de servicios clave como guías locales, en determinados momentos y opciones de entretenimiento adaptadas al público visitante. Estos elementos son fundamentales para transformar una visita corta en una experiencia completa.

Desafíos identificados

- **Alineación con la identidad cultural:** los servicios actuales no reflejan plenamente la esencia cultural y creativa de Morille. Alojamientos y opciones gastronómicas alineados con el concepto del Cementerio del Arte o con el carácter rural del pueblo podrían atraer a un segmento de turistas en busca de experiencias únicas.

- **Carencia de servicios esenciales para visitantes:** la falta de opciones básicas, como restaurantes y tiendas bien equipadas, impacta negativamente en la percepción del visitante, especialmente aquellos que llegan desde Salamanca o de otras ciudades cercanas esperando una oferta más completa.

- **Capacidad de retención:** sin opciones atractivas para pernoctar ni disfrutar de la gastronomía local, los visitantes tienden a realizar visitas rápidas en lugar de estancias más largas que podrían beneficiar económicamente al pueblo.

Diagnóstico a través del gráfico

En el gráfico del perímetro de la estrategia del pentágono, los servicios se posicionan como una de las variables más bajas. Esto refleja tanto las limitaciones actuales como el potencial significativo que podría desbloquearse con las mejoras previstas, como la apertura del restaurante y la tienda.

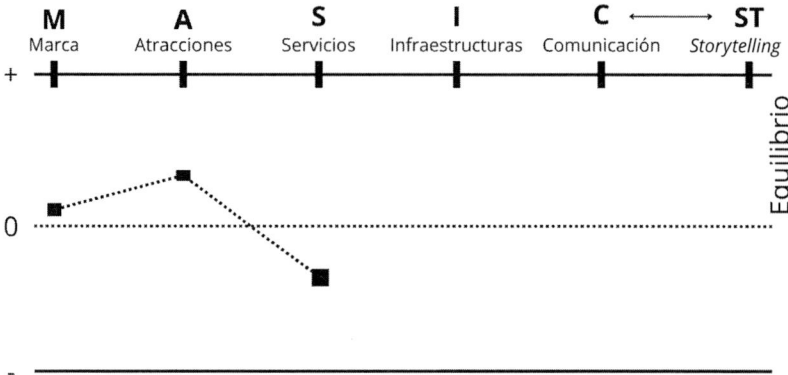

4. Infraestructuras: accesibilidad y conexiones

Las infraestructuras son la columna vertebral que conecta a los visitantes con la experiencia de un destino turístico. En el caso de Morille, las infraestructuras actuales son funcionales, pero insuficientes para consolidar su potencial turístico. Aunque están en proceso de mejora, aún queda trabajo por hacer para que cumplan plenamente con las necesidades de un público diverso y exigente.

Análisis de las infraestructuras actuales

1. **Accesibilidad**

   ▫ La carretera que conecta Morille con Salamanca, actualmente en proceso de renovación, es un paso crucial para mejorar la experiencia de llegada al pueblo. Su ubicación, a tan solo 23 kilómetros de la capital de la provincia, lo convierte en un destino fácilmente alcanzable tanto para locales como para turistas que visitan la ciudad universitaria.

   ▫ A pesar de esta ventaja geográfica, la falta de transporte público directo y de una señalización clara limita el flujo de visitantes que podrían aprovechar la cercanía para excursiones de un día.

2. **Espacios públicos**

▫ Morille cuenta con espacios funcionales, pero no están diseñados para invitar a los visitantes a permanecer y explorar. Las plazas, áreas de descanso y senderos no aprovechan completamente el encanto natural y cultural del entorno.

▫ Las zonas de interés como el Cementerio del Arte carecen de infraestructura de apoyo, como áreas de descanso que hagan más cómoda y enriquecedora la experiencia del visitante.

3. **Conexión con la Vía de la Plata**

▫ La Vía de la Plata es un recurso histórico y cultural de gran relevancia que atraviesa Morille, pero no está completamente integrado como parte de su oferta turística.

▫ Actualmente, faltan rutas temáticas, puntos de interpretación y señalización que conecten esta importante ruta con el resto de las atracciones del pueblo.

213

Limitaciones detectadas

• **Infraestructuras limitadas para la retención de visitantes:** aunque Morille cuenta con lo básico, las infraestructuras no están diseñadas para fomentar estancias prolongadas. La ausencia de áreas de recreo atractivas o de instalaciones que complementen las actividades culturales y naturales limita el tiempo que los visitantes pasan en el pueblo.

• **Falta de enlace entre atractivos y espacios:** las atracciones, aunque significativas, no están conectadas por un sistema de infraestructuras que facilite su exploración. Esto genera una experiencia fragmentada que dificulta que los visitantes perciban a Morille como un destino integral.

Diagnóstico a través del gráfico

En el gráfico del perímetro de la estrategia del pentágono, la variable de Infraestructuras ocupa una posición media. Esto refleja una base funcional con margen para mejoras significativas. La renovación de la carretera y otros proyectos previstos señalan un camino positivo, pero también evidencian el trabajo pendiente para que Morille logre destacar como un destino competitivo.

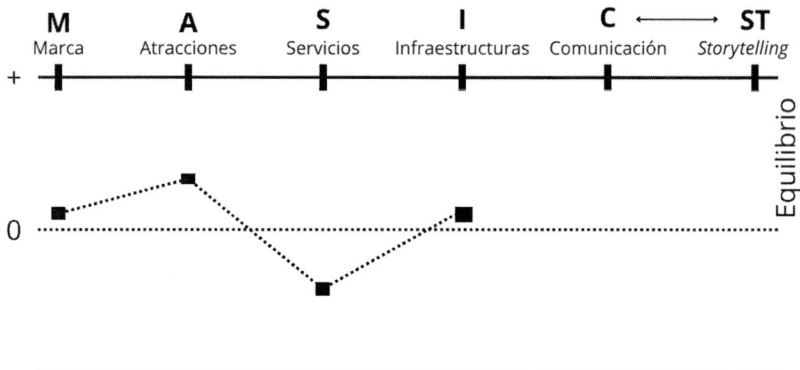

214

5. Comunicación: alcance y narrativa

La comunicación es el puente que conecta un destino con su público objetivo, transmitiendo su esencia y atrayendo visitantes mediante historias convincentes. En el caso de Morille, esta variable presenta importantes oportunidades de mejora. Aunque el pueblo cuenta con un sitio web y redes sociales, la estrategia de comunicación carece de cohesión y alcance, lo que limita su impacto como destino turístico.

Análisis de la presencia digital

Sitio web
El sitio web oficial de Morille (https://www.morille.es/) ofrece información sobre las actividades culturales, las atracciones principales y los servi-

cios del pueblo. Aunque cumple una función informativa, su diseño es básico y no optimiza la experiencia del usuario.

Falta un enfoque narrativo que resalte el carácter único de Morille, como el Cementerio del Arte, y que lo conecte con su identidad cultural.

No dispone de contenido visual atractivo ni de recursos interactivos que capturen la atención del visitante potencial.

Redes sociales
Morille tiene presencia en redes sociales, pero la actividad es esporádica y carecen de una estrategia clara. Las publicaciones suelen versar sobre eventos locales, sin un enfoque que atraiga a audiencias externas.

La falta de contenido visual impactante, como vídeos de alta calidad, entrevistas o microhistorias, limita su capacidad de generar interés y fomentar la viralización.

Promoción en plataformas turísticas
Actualmente, el pueblo no está suficientemente presente en plataformas turísticas clave como TripAdvisor, Google Maps o Booking, lo que reduce su visibilidad entre los viajeros que planifican sus visitas mediante estas herramientas.

Narrativa: conectar con el corazón del visitante

- **Falta de coherencia:** aunque el Cementerio del Arte es un concepto poderoso, no está respaldado por una narrativa que lo proyecte como un elemento diferenciador a nivel nacional o internacional. La desconexión entre las atracciones y la comunicación genera una falta de cohesión en el mensaje global del pueblo.

- **Historias no contadas:** espacios como el Museo CEVMO, el Corral Municipal de Razas Autóctonas y el Espacio SEMSO tienen historias interesantes que no se están aprovechando para construir una narrativa rica y atractiva.

Colaboraciones y alianzas estratégicas

- **Influencia cultural limitada:** la falta de colaboraciones con *influencers* culturales y medios especializados restringe el alcance de Morille en las redes sociales y las plataformas de contenido.

Diagnóstico a través del gráfico

En el gráfico del perímetro de la estrategia del pentágono, la variable Comunicación ocupa la posición más baja, junto con la variable Servicios, lo cual evidencia la necesidad urgente de una estrategia integral. Este déficit afecta tanto la proyección de las atracciones como la capacidad del pueblo para conectarse emocionalmente con su audiencia.

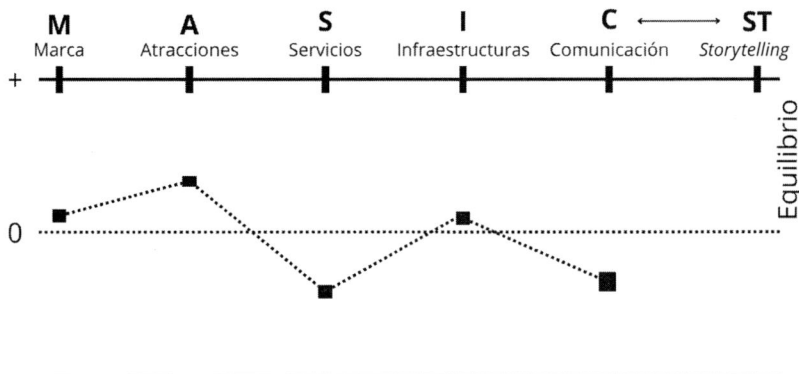

Conclusión

Las variables evaluadas muestran que Morille tiene un potencial significativo, pero que su desarrollo está en superar desafíos compartidos: mejorar la accesibilidad, articular una narrativa cohesiva y fortalecer la comunicación estratégica. Estas áreas deben abordarse de forma conjunta para maximizar el impacto de las intervenciones futuras.

1.2.2. Análisis del gráfico y diseño de alternativas estratégicas

El gráfico del perímetro de la estrategia del pentágono nos ofrece una representación visual del estado actual de las variables clave de Morille: Marca, Atracciones, Servicios, Infraestructuras y Comunicación. Este análisis permite identificar desequilibrios entre las variables y establece un punto de partida para diseñar acciones estratégicas que potencien el desarrollo del pueblo.

El desequilibrio entre las variables evidencia la necesidad de acciones integradas que fortalezcan las áreas más débiles sin comprometer las fortalezas existentes. Este enfoque garantizará que el desarrollo de Morille sea sostenible y equilibrado.

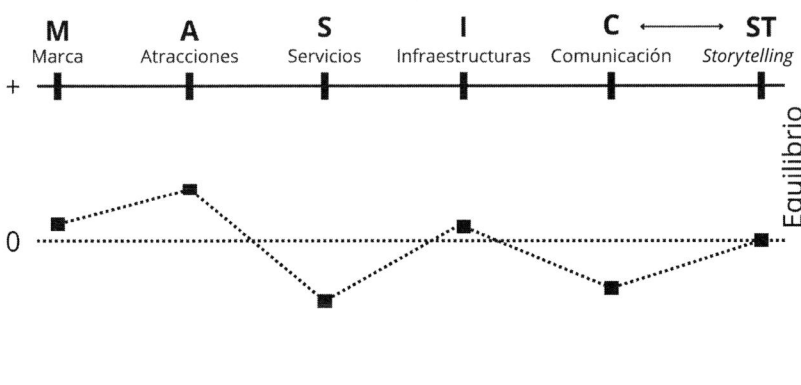

217

No obstante, las mejoras previstas en infraestructuras y servicios para los próximos años proyectan un futuro optimista que refuerza la base para convertir a Morille en un destino de referencia. Este análisis nos permite comprender las áreas que necesitan atención y establece una base para la planificación de mejoras.

Diseño de acciones estratégicas de mejora

A continuación, se presentan posibles estrategias para cada variable, teniendo en cuenta los recursos necesarios y los pros y contras asociados:

Marca

Estrategia: rediseñar la identidad de marca para reflejar su carácter cultural y creativo.

- Crear un eslogan que conecte con el Cementerio del Arte y su identidad disruptiva.

- Diseñar un logotipo moderno que integre elementos de la naturaleza y el arte.

Recursos: diseñadores gráficos, agencias de *branding*.

Pros: mejora inmediata en la percepción externa, refuerzo de la narrativa.

Contras: costos iniciales, resultados visibles a medio plazo.

Atracciones

Estrategia: integrar las atracciones en rutas temáticas que conecten el Cementerio del Arte, el Corral Municipal, el Espacio SEMSO y la iglesia de San Vicente Mártir.

- Crear visitas guiadas los fines de semana con historias que vinculen estos espacios.

- Diseñar un calendario anual de eventos que fomente la participación de los visitantes.

Recursos: guías locales, creadores de experiencias turísticas (podrían ser los propios vecinos del pueblo).

Pros: incremento del valor experiencial, atracción de nuevos públicos.

Contras: necesidad de coordinación constante, costos logísticos.

Servicios

Estrategia: mejorar la oferta de los servicios turísticos con la inauguración del restaurante y la tienda local prevista para 2025.

- Crear menús temáticos inspirados en el arte y la cultura local.

- Promover el uso de alojamientos rurales mediante colaboraciones con plataformas digitales.

Recursos: inversores locales, apoyo del ayuntamiento.

Pros: aumento de la permanencia de visitantes, impacto económico directo.

Contras: dependencia de la demanda turística, costos operativos elevados.

219

Infraestructuras

Estrategia: mejorar la accesibilidad y los espacios públicos.

- Crear o mejorar áreas de descanso y puntos de información en la Vía de la Plata.

Recursos: fondos públicos y subvenciones.

Pros: mejora inmediata en la comodidad del visitante, refuerzo del flujo turístico.

Contras: dependencia de la disponibilidad presupuestaria, tiempo de ejecución prolongado.

Comunicación

Estrategia: diseñar una estrategia de comunicación 360° enfocada en las redes sociales, el contenido audiovisual y las colaboraciones con *influencers* culturales.

- Crear vídeos y fotografías profesionales que destaquen el Cementerio del Arte y otros atractivos.

- Implementar campañas digitales que conecten con turistas locales e internacionales.

Recursos: equipo de marketing digital, colaboraciones con creadores de contenido.

Pros: impacto inmediato en la visibilidad, costo relativamente bajo en comparación con otras estrategias.

Contras: requiere mantenimiento constante para sostener el impacto.

Conclusión y orientación estratégica

Tras analizar las alternativas de mejora y los recursos necesarios, la conclusión más eficiente y económica es centrarse en el desarrollo de una estrategia de comunicación integral. Este enfoque tiene el potencial de impactar positivamente en las demás variables, amplificando la visibilidad de la marca, promoviendo las atracciones y atrayendo la inversión necesaria para mejorar los servicios e infraestructuras.

En el siguiente apartado se profundizará en cómo implementar una comunicación estratégica apoyada por la tecnología y la IA, lo que marca el camino hacia un desarrollo turístico sostenible y equilibrado.

1.2.3. Plan estratégico de comunicación: el arte de conectar con el mundo

La comunicación estratégica no es solo un conjunto de herramientas o mensajes, es el alma de cualquier destino turístico, el puente que transforma atracciones, servicios e infraestructuras en experiencias memorables. En Morille, esta comunicación será la llave para abrir las puertas de su potencial y proyectarlo hacia el mundo. A través del poder de la tecnología y la IA, este plan estratégico se convertirá en un modelo de referencia para destinos emergentes.

El enfoque de la comunicación estratégica

La comunicación estratégica de Morille se centrará en tres pilares fundamentales: narrativa, impacto visual y tecnología avanzada.

1. **Narrativa coherente y emocional**

   - Construir una narrativa que conecte con las emociones de los visitantes, destacando la unicidad del Cementerio del Arte, la riqueza cultural del pueblo y la autenticidad de sus tradiciones.

   - Crear microhistorias de locales y visitantes que reflejen el impacto personal de Morille.

   - Integrar los valores de creatividad, tranquilidad y conexión con la naturaleza en todos los mensajes.

2. **Impacto visual**

   - Diseñar contenido visual que capture la esencia de Morille: vídeos inmersivos e imágenes de alta calidad que resalten el equilibrio entre arte, cultura y paisaje.

   - Crear un banco de imágenes y vídeos que incluyan eventos en el Cementerio del Arte, la vida en el pueblo y paisajes icónicos de la dehesa charra.

3. **Tecnología e IA**

   - Incorporar herramientas de IA para analizar las preferencias de los visitantes y personalizar los mensajes.

221

- Utilizar plataformas como ChatGPT para generar contenido adaptado a diferentes públicos y canales.

- Implementar realidad aumentada para enriquecer la experiencia virtual de los turistas antes de su visita, como recorridos virtuales del Cementerio del Arte.

Estrategias y acciones clave

1. **Plataformas digitales y redes sociales**

   - Crear perfiles activos en redes sociales clave (Instagram, Facebook, TikTok, YouTube) con contenido diseñado para viralizar.

   - Publicar vídeos cortos que cuenten historias de los habitantes y las atracciones de Morille, apelando al sentido de comunidad y descubrimiento.

   - Diseñar campañas con *hashtags* como #ArteEnMorille o #MorilleInspira para generar interacción y alcance.

2. **Colaboraciones estratégicas**

   - Trabajar con *influencers* culturales y viajeros que compartan los valores del destino.

   - Establecer alianzas con medios especializados en turismo y cultura.

   - Colaborar con universidades y escuelas de arte para atraer a nuevos públicos y promover residencias artísticas en el pueblo.

3. **Contenidos interactivos**

   - Desarrollar una aplicación móvil para Morille que ofrezca guías personalizadas, información sobre eventos y una plataforma para que los visitantes compartan sus experiencias.

- Diseñar juegos interactivos y experiencias educativas en línea que conecten a los visitantes con la historia y el arte del pueblo.

4. **Automatización y análisis**

  - Gestionar profesionalmente las redes sociales y responder a consultas en tiempo real.

  - Utilizar analítica avanzada para medir el impacto de las campañas y ajustar las estrategias en función de los datos obtenidos.

Inspiración y emoción

La comunicación estratégica no solo atraerá a más visitantes a Morille, también transformará cómo se percibe el pueblo en el mundo. Este plan tiene el poder de convertir a Morille en un destino emblemático, donde cada mensaje transmita la esencia de su identidad. A través de la creatividad y la tecnología, el lector de este libro descubrirá cómo una estrategia bien diseñada puede cambiar la historia de un lugar.

El verdadero tesoro de este capítulo no está solo en las herramientas y técnicas, sino en la visión de lo que es posible. Cada lector podrá imaginar cómo estas ideas transforman no solo a Morille, sino a cualquier destino que busque destacar en un mundo lleno de posibilidades.

En el próximo apartado analizaremos cómo estas acciones influyen en el gráfico del perímetro de la estrategia del pentágono y las decisiones futuras que derivan de este impacto. ¡El viaje acaba de comenzar!

1.2.4. Análisis y justificación del impacto de la comunicación estratégica en la estrategia del pentágono

El gráfico actualizado del perímetro de la estrategia del pentágono nos muestra un panorama claro: la implementación de una comunicación estratégica bien diseñada tiene un impacto positivo directo en todas las variables que componen el modelo. Este apartado se centrará en desgranar cómo y por qué la comunicación actúa como catalizador de equilibrio, crecimiento y sostenibilidad en el desarrollo de los pueblos y las ciudades pequeñas como Morille.

El gráfico: una transformación medible

El gráfico refleja dos estados diferenciados:

1. **La situación inicial:** caracterizada por el desequilibrio entre las variables, donde la comunicación es el punto más bajo.

2. **La situación proyectada tras la implementación de la comunicación estratégica:** una evolución hacia el equilibrio, con mejoras significativas en marca, servicios, infraestructuras, atracciones y comunicación.

El efecto más notable es el aumento simultáneo y proporcional de todas las variables, gracias a la influencia transversal de la comunicación. Esta transformación demuestra que una estrategia de comunicación no solo sirve para informar, sino para conectar, activar y potenciar los recursos existentes.

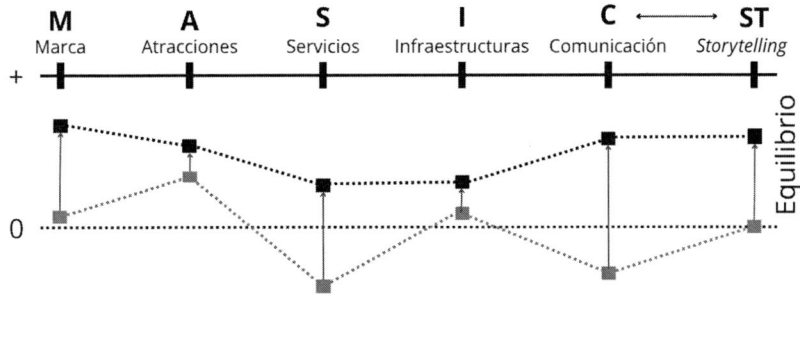

Desglose del impacto por variable

Marca: proyección y cohesión

Antes: la identidad de Morille era difusa, tenía un lema que no conectaba plenamente con su esencia cultural y artística.

Después: la comunicación estratégica ha reforzado la narrativa de la marca, conectando el Cementerio del Arte, las tradiciones locales y los valores del pueblo en un mensaje coherente y atractivo. Esto genera reconocimiento y posicionamiento.

Resultado: incremento de la visibilidad y proyección externa, lo que convierte a Morille en un destino de referencia.

Atracciones: experiencias integradas

Antes: las atracciones, aunque potentes individualmente, carecían de una integración que las presentara como un ecosistema turístico.

Después: a través de una comunicación estratégica, las atracciones se han conectado mediante rutas temáticas y narrativas visuales que las destacan como un conjunto. Los vídeos, los mapas interactivos y el contenido en las redes sociales han amplificado su alcance.

Resultado: aumento del interés y la participación en eventos locales, y una mayor retención de visitantes.

Servicios: mejoras impulsadas por la demanda

Antes: los servicios eran escasos y no estaban adaptados a las necesidades del turismo, lo cual limitaba la experiencia del visitante.

Después: la comunicación ha promovido la apertura de nuevos servicios, como la tienda local y el restaurante, al generar una mayor afluencia de visitantes y una demanda visible para inversores y autoridades locales.

Resultado: expansión de la oferta de servicios, que enriquece la experiencia del visitante y mejora la calidad de vida local.

Infraestructuras: conexión y accesibilidad

Antes: las infraestructuras eran básicas, había deficiencias en la accesibilidad y la señalización.

Después: la comunicación ha destacado la importancia de mejorar las infraestructuras, incentivando inversiones públicas y privadas. Se está finalizando la renovación de la carretera y el diseño de áreas de descanso que complementan la experiencia turística.

Resultado: mejora de la experiencia de llegada y permanencia, lo cual aumenta la competitividad del destino.

Comunicación: el motor del cambio

Antes: la comunicación era una de las variables más débiles, la presencia digital era mínima y la narrativa estaba fragmentada.

Después: la estrategia ha transformado la comunicación en el pilar principal, utilizando tecnología y un enfoque narrativo para conectar con audiencias globales.

Resultado: incremento exponencial en la visibilidad y el alcance, lo que genera un efecto multiplicador en todas las demás variables.

1.2.5. El efecto multiplicador de la comunicación estratégica

La implementación de una estrategia de comunicación bien diseñada no solo impacta directamente en la variable de comunicación, sino que genera un efecto dominó en las demás variables del pentágono, lo cual contribuye a un desarrollo equilibrado y sostenible. Este impacto interconectado se puede analizar de la siguiente manera:

Marca: mayor cohesión y proyección

La narrativa clara y emotiva, anclada en el concepto único del Cementerio del Arte, refuerza la identidad de Morille como destino cultural y creativo.

La mejora en la comunicación genera mayor visibilidad en los medios digitales y tradicionales, lo que posiciona a Morille como un referente no solo local, sino también nacional e internacional.

Resultado proyectado: incremento del reconocimiento de marca en un 40 % en plataformas como Google Maps y TripAdvisor, reflejado en un aumento de consultas y valoraciones positivas.

Atracciones: mejor integración y mayor interés

La comunicación estratégica conecta las atracciones principales (Cementerio del Arte, SEMSO, Festival PAN) a través de rutas temáticas y contenido atractivo que estimula la curiosidad de los visitantes.

Las narrativas visuales (vídeos, historias en las redes sociales) generan un mayor interés por los eventos y espacios, y los convierte en experiencias unificadas y memorables.

Resultado proyectado: aumento del 30 % en la participación en eventos anuales, como el Festival PAN, y mayor tiempo de permanencia de los visitantes en el pueblo (de 2 horas promedio a 5 horas).

227

Servicios: crecimiento impulsado por la demanda generada

La afluencia de nuevos visitantes, motivada por la comunicación estratégica, fomenta la inversión en servicios complementarios como alojamientos y restaurantes.

La promoción de experiencias temáticas alineadas con la identidad de Morille incentiva a los emprendedores locales a desarrollar ofertas diferenciadas.

Resultado proyectado: apertura de 2 nuevos alojamientos rurales y un restaurante temático, lo que aumenta en un 20 % la capacidad de hospedaje.

Infraestructuras: mejora en accesibilidad y experiencia

Una mayor visibilidad del destino refuerza la necesidad de mejorar las infraestructuras, como carreteras, señalización y espacios públicos, con el apoyo de subvenciones y fondos públicos.

La comunicación destaca las oportunidades turísticas y culturales, motivando a las autoridades locales y regionales a priorizar las inversiones.

Resultado proyectado: reducción del tiempo de viaje desde Salamanca a Morille en un 10 % y mejora en las áreas de descanso y señalización, lo que ha incrementado la percepción positiva del destino en un 25 %.

Tabla-resumen: impacto de la comunicación estratégica en las variables del pentágono

Variable	Impacto	Resultado proyectado
Marca	Refuerzo de la narrativa clara y emotiva basada en el Cementerio del Arte.	Incremento del reconocimiento de marca en un 40% en plataformas como Google Maps y TripAdvisor.
Atracciones	Conexión de las principales atracciones mediante rutas temáticas y narrativas visuales.	Aumento del 30% en la participación en eventos como el Festival PAN y aumento del tiempo de permanencia de 2 a 5 horas.
Servicios	Impulso de inversiones en alojamientos y restaurantes gracias a la mayor demanda generada.	Apertura de 2 nuevos alojamientos rurales y un restaurante temático, incrementando en un 20% la capacidad de hospedaje.
Infraestructuras	Incremento en la visibilidad que motiva mejoras en accesibilidad y señalización.	Reducción del tiempo de viaje en un 10% y mejora en áreas de descanso y señalización, con un incremento del 25% en percepción positiva.

El impacto cuantitativo: en términos generales, los efectos interconectados de una estrategia de comunicación integral pueden proyectarse en cifras concretas:

- **Incremento del 25 % en el número de visitantes en el primer año,** impulsado por una mayor visibilidad en redes sociales y plataformas turísticas.

- **Aumento del gasto promedio por visitante en un 15 %,** gracias a la mejora en los servicios y la integración de experiencias culturales.

- **Crecimiento del 30 % en la ocupación de alojamientos rurales,** lo cual refleja la consolidación de Morille como un destino de estancias prolongadas.

Esta subsección concluye destacando que la comunicación no es solo una variable, sino el motor que conecta todas las áreas del pentágono, lo que multiplica su impacto y transforma a Morille en un modelo de referencia para destinos pequeños con gran potencial. Este análisis permite comprender cómo el equilibrio estratégico puede ser la clave para el éxito turístico sostenible.

Demostración de los valores proyectados

Incremento del 25 % en el número de visitantes

1. **Casos comparables**

En España, pueblos como **Albarracín (Teruel)** y **Frigiliana (Málaga)** experimentaron incrementos del 20 % - 30 % en visitantes tras implementar estrategias de promoción digital y posicionamiento cultural (Informe de la Red Española de Desarrollo Rural, 2022).

Estos destinos usaron plataformas como Instagram y Google Maps para visibilizar su oferta cultural, con lo que lograron captar nuevos segmentos turísticos.

2. **Tendencias del turismo rural**

Según la **Organización Mundial del Turismo (OMT)**, el turismo rural creció un 27 % entre 2020 y 2023, impulsado por la búsqueda de experiencias auténticas y sostenibles. Morille, con su identidad cultural única, tiene condiciones similares para atraer este crecimiento.

Aumento del 15 % en el gasto promedio por visitante

1. **Evidencia sectorial**

Según un estudio de **Exceltur (2021)**, la mejora en la oferta de servicios y experiencias culturales incrementa el gasto promedio por visitante entre un 10 % y un 20 %. Esto se debe a:

- La inclusión de rutas guiadas y experiencias inmersivas.

- Una oferta gastronómica y de alojamiento diferenciada.

En Morille, la apertura de un restaurante temático y la creación de experiencias alineadas con su identidad cultural justifican este aumento.

2. **Comparativa regional**

En destinos rurales como **Piornal (Extremadura)**, la integración de servicios temáticos aumentó el gasto por visitante de 18€ a 22€ (+22 %) en menos de dos años (informe de la Asociación Española de Turismo Rural, 2022).

Crecimiento del 30 % en la ocupación de alojamientos rurales

1. **Impacto de la demanda generada:**

Según los datos de **Turismo de Castilla y León (2023)**, la ocupación en alojamientos rurales aumentó entre un 25 % - 35 % cuando se implementaron estrategias de comunicación digital que posicionaron el destino como una opción de escapada cultural y de desconexión.

2. **Proyección para Morille**

Morille actualmente cuenta con una oferta limitada pero suficiente para atender este crecimiento inicial. La apertura de nuevos servicios (como un restaurante y una tienda local) fomenta estancias prolongadas, factor clave para aumentar la ocupación de alojamientos.

Conclusión

Estas cifras proyectadas se basan en un análisis comparativo sólido, datos sectoriales confiables y tendencias actuales en el turismo cultural y rural. La implementación de la estrategia del pentágono, con un enfoque en la comunicación estratégica, tiene la capacidad de replicar estos resultados en Morille, posicionándolo como un modelo de éxito sostenible.

Al presentar estos datos fundamentados, se refuerza la credibilidad de la estrategia e inspira al lector a adoptar este método con la confianza de que sus resultados son alcanzables y medibles.

Inspiración y replicabilidad: Morille como modelo de transformación turística

El caso de Morille trasciende su carácter local para convertirse en un ejemplo inspirador y replicable de cómo un destino pequeño puede destacar y prosperar en el panorama turístico.

231

Lecciones clave del caso Morille

1. El poder de una identidad clara y auténtica

Morille aprovecha sus singularidades, como el Cementerio del Arte, para construir una narrativa poderosa. Este enfoque demuestra que incluso los recursos únicos pero limitados pueden convertirse en el núcleo de una marca turística sólida y diferenciada.

2. La importancia de la cohesión entre variables

El éxito de Morille radica en integrar todas las áreas (Marca, Atracciones, Servicios, Infraestructuras y Comunicación) en una estrategia unificada. Este modelo puede replicarse en cualquier destino al identificar y coordinar los recursos existentes.

3. La comunicación como motor del cambio

Morille ilustra cómo una estrategia de comunicación efectiva puede ser el catalizador que amplifica el impacto de las demás variables, creando un efecto dominó de mejoras que beneficia tanto al turismo como a la comunidad local.

Un modelo replicable en otros destinos

Morille no es una excepción. Muchas localidades con características únicas pero recursos limitados pueden adaptarse a este modelo. La estrategia del pentágono ofrece una metodología flexible que permite a otros destinos:

- Identificar y potenciar sus fortalezas internas.

- Abordar sus desafíos mediante estrategias coordinadas.

- Generar un impacto que trascienda su contexto local.

Por ejemplo:

- **Pequeños pueblos históricos** con patrimonio cultural pueden crear experiencias inmersivas conectadas a su identidad.

- **Áreas rurales con paisajes naturales** pueden posicionarse como destinos de desconexión y sostenibilidad.

- **Comunidades artísticas emergentes** pueden inspirarse en el modelo de Morille para integrar el arte y la cultura como ejes centrales de su oferta turística.

El caso de Morille invita al lector a reflexionar sobre su propio contexto y ver más allá de las limitaciones iniciales. Al aplicar los principios de la estrategia del pentágono, cualquier profesional o gestor turístico puede imaginar cómo transformar un destino pequeño en un ejemplo de desarrollo sostenible y equilibrado.

Morille no solo es un pueblo, es un símbolo del potencial que reside en cada rincón del mundo. Si un lugar tan pequeño puede convertirse en un faro de creatividad y turismo, ¿qué otros destinos podrían alcanzar su grandeza siguiendo este camino? El reto está en sus manos: aplique esta metodología, adapte su esencia y transforme un destino en una historia de éxito.

1.3. Tánger: donde los continentes se encuentran y las historias cobran vida

Tánger, la ciudad donde dos continentes se encuentran y el Atlántico saluda al Mediterráneo, es un destino que inspira por su historia, diversidad y energía. Durante siglos, esta ciudad en el extremo norte de Marruecos ha sido un cruce de caminos, un mosaico cultural que mezcla tradiciones árabes, bereberes, europeas y africanas. Sus calles serpenteantes, impregnadas del aroma del mar y de especias, cuentan historias de exploradores, artistas y soñadores que vieron en ella un lugar donde todo era posible.

Tánger es un lugar de encuentro, en ella conviven lo antiguo y lo moderno. Su medina, con sus bazares vibrantes y sus patios escondidos, conserva el alma de la ciudad, mientras que su nueva marina y sus modernos centros culturales proyectan su mirada hacia el futuro. Es un destino que evoca romanticismo y aventura, pero que también enfrenta retos para conectar su esencia con una narrativa turística coherente y poderosa.

En este análisis, aplicaremos la estrategia del pentágono para desentrañar las claves de Tánger como destino turístico, explorando sus fortalezas y desafíos en cinco dimensiones esenciales: Marca, Atracciones, Servicios, Infraestructuras y Comunicación. Este recorrido busca entender la ciudad e imaginar su futuro como un referente global, con un plan de comunicación 360 que pueda proyectar su riqueza multicultural al mundo entero.

Porque en Tánger cada esquina guarda una historia y cada historia merece ser contada.

1.3.1. Tánger: análisis a través de la estrategia del pentágono

La privilegiada ubicación de Tánger, entre Europa y África, hace que sea un destino que combina un encanto atemporal con un dinamismo moderno. Sin embargo, como toda joya con múltiples facetas, también se enfrenta a retos para integrar su potencial en una propuesta turística sólida y competitiva.

Desde el punto de vista de su **marca**, la ciudad ya tiene una identidad que resuena: es conocida como un lugar de encuentros y de inspiración, un refugio para artistas e intelectuales. «La Ciudad Blanca», como muchos la llaman, es un símbolo de diversidad cultural y creatividad. Sin embargo, su narrativa actual es inconsistente y, en ocasiones, fragmentada. Aunque la medina y la imagen de ciudad exótica siguen atrayendo a visitantes, no hay una estrategia clara que conecte estos elementos con su vibrante modernidad, dejando una brecha entre lo que la ciudad es y cómo se percibe en el mercado turístico global.

Las **atracciones** de Tánger son innegablemente ricas y diversas: desde el cabo Espartel, donde se encuentran los océanos, hasta las Cuevas de Hércules, un lugar cargado de mitología, cada rincón ofrece experiencias únicas. La medina, con sus laberínticas callejuelas y mercados, sigue siendo el alma de la ciudad, mientras que lugares como el Museo de la Kasbah y la recién inaugurada Tánger Marina son testigos de su evolución. Sin embargo, estas atracciones, aunque poderosas individualmente, carecen de una integración coherente que permita al visitante experimentarlas como un todo. La falta de narrativas que conecten su historia, cultura y modernidad limita el impacto emocional que estos podrían generar.

En cuanto a los **servicios**, Tánger cuenta con una infraestructura hotelera y gastronómica bien desarrollada, especialmente en su nueva marina y en los alrededores de la medina. Sin embargo, hay una desconexión evidente entre estas áreas y otros puntos de interés. La calidad y variedad de los servicios en los barrios históricos no siempre cumplen con las expectativas de un turista internacional, y la ausencia de guías bien preparados o experiencias personalizadas afecta la percepción de calidad. Además, aunque los alojamientos de lujo están en auge, las opciones de rango medio que reflejan la autenticidad del destino siguen siendo limitadas.

La **infraestructura** de Tánger ha experimentado un notable avance en los últimos años. La estación de tren de alta velocidad conecta la ciudad con Casablanca en poco más de dos horas, un logro impresionante que impulsa su accesibilidad. Sin embargo, la experiencia en el terreno aún presenta desafíos: el tráfico en la medina, la señalización inadecuada en puntos turísticos y la falta de rutas temáticas bien definidas limitan la movilidad y la exploración. Las zonas periféricas, aunque ricas en paisajes y tradiciones, están infrautilizadas debido a la falta de conexión con el centro urbano.

Finalmente, la **comunicación** es, como en muchos destinos, el punto más débil. Aunque Tánger tiene una presencia digital creciente, especialmente en redes sociales, carece de una narrativa clara y unificada que destaque su carácter único. Las campañas promocionales actuales son esporádicas y, en su mayoría, se centran en atraer a turistas regionales, dejando de lado la clave de los mercados internacionales. Tampoco se ha explotado el potencial del *storytelling* para conectarse emocionalmente con los visitantes, con lo que se pierde la oportunidad de proyectar su identidad multicultural y su papel como puente entre continentes.

A pesar de estos desafíos, esta ciudad tiene una base sólida sobre la que construir. Su ubicación estratégica, su riqueza cultural y su historia única son activos que pocos destinos pueden igualar. Con una estrategia que conecte sus valores intrínsecos, sus atracciones y sus servicios, Tánger puede posicionarse no solo como un lugar de paso, sino como un destino imprescindible.

Gráfico del perímetro del pentágono

El gráfico del perímetro del pentágono de Tánger refleja una realidad compleja: hay variables que, aunque tienen un impacto positivo, no alcanzan su máximo potencial, mientras que otras presentan un impacto neutro o negativo debido a su falta de desarrollo o una ejecución inconsistente. A continuación, se detalla la posición de cada variable y su justificación.

M	A	S	I	C ←→	ST
Marca	Atracciones	Servicios	Infraestructuras	Comunicación	*Storytelling*

Marca

La marca de Tánger tiene una base sólida. Su identidad como cruce de caminos entre Europa y África, y como ciudad de diversidad cultural, es ampliamente reconocida. Sin embargo, el trabajo realizado hasta ahora no ha logrado consolidar esta narrativa de manera coherente ni proyectarla en mercados internacionales clave. Aunque hay un esfuerzo por posicionar la ciudad, los resultados son limitados, y el impacto global sigue siendo bajo en comparación con su potencial.

Atracciones

Las atracciones de Tánger son uno de sus puntos fuertes. La medina, el cabo Espartel, las Cuevas de Hércules y la Nueva Marina, entre otras atracciones, ofrecen experiencias únicas y auténticas. Sin embargo, su integración es deficiente y no existe una narrativa que las conecte en un recorrido cohesivo. Este esfuerzo parcial ha generado un impacto positivo moderado, pero lejos del máximo que podría alcanzarse con una estrategia más estructurada.

Servicios

En esta variable, el impacto es neutro. Aunque hay hoteles de lujo y restaurantes de alta calidad, la falta de experiencias auténticas y personalizadas, así como la desconexión entre las zonas modernas y tra-

236

dicionales, limita la percepción del visitante. La administración local ha hecho esfuerzos en mejorar la oferta de servicios, pero estos no han sido suficientes para generar un impacto positivo significativo.

Infraestructuras

A pesar de los avances en infraestructuras, como el tren de alta velocidad y la Nueva Marina, la experiencia del visitante en términos de movilidad interna, señalización y accesibilidad a zonas periféricas presenta deficiencias claras. Estas limitaciones generan una experiencia frustrante para el turista, lo que impacta de manera negativa en su percepción general del destino.

Comunicación

La comunicación es la variable más débil en el modelo de esta ciudad. Aunque existe una presencia digital, esta es inconsistente y carece de una narrativa atractiva y unificada que proyecte la riqueza cultural y estratégica de la ciudad. La falta de campañas integradas limita la capacidad de Tánger para competir en un mercado turístico global, generando un impacto claramente negativo.

237

Storytelling

Tánger tiene una rica narrativa histórica y cultural que está profundamente arraigada en la percepción de la ciudad, tanto a nivel local como internacional. Este *storytelling* no es necesariamente el resultado de una estrategia de comunicación efectiva, sino que emerge de la historia y los símbolos asociados a Tánger.

Esta ciudad ha sido a lo largo de la historia un cruce de culturas y un lugar de inspiración para escritores, artistas y viajeros. Desde Paul Bowles hasta los pintores del movimiento Beat, ha sido retratada como un lugar bohemio, misterioso y exótico. Esta narrativa sigue viva en la memoria colectiva, incluso sin un esfuerzo coordinado por parte de las instituciones o las campañas actuales.

El *storytelling* de Tánger está parcialmente desligado de la comunicación actual porque se sustenta en dos pilares:

- La **identidad histórica** de la ciudad, que sigue resonando en la mente de quienes la visitan o conocen.

- La **identificación emocional** que genera su cultura, su geografía y su pasado artístico.

Estos elementos han logrado mantener una percepción favorable de la marca Tánger, incluso en ausencia de una comunicación efectiva. Sin embargo, esta narrativa positiva tiene límites y podría ser mucho más poderosa si se integra en una estrategia de comunicación bien diseñada.

El análisis del perímetro del pentágono de Tánger muestra un desequilibrio significativo. Las variables Marca y Atracciones presentan un impacto positivo, aunque limitado, mientras que Servicios se mantienen en un estado neutro, sin avances significativos. Por otro lado, Infraestructuras y Comunicación presentan un impacto negativo, lo que evidencia la necesidad de una intervención estratégica para corregir estas deficiencias. El gráfico ilustra claramente que, aunque esta ciudad tiene una base sólida, los esfuerzos actuales no están logrando integrar sus fortalezas ni revertir sus debilidades.

Con un plan de comunicación estratégico 360 bien diseñado, teniendo como referencia la estrategia del pentágono y apoyándonos en la IA y la tecnología, esta ciudad podría alinear sus variables y alcanzar un equilibrio que transforme su potencial en resultados tangibles. Este gráfico no solo diagnostica, sino que también invita a imaginar un futuro más prometedor para esta ciudad estratégica.

1.3.2. Plan estratégico de comunicación 360

Objetivo principal

Reforzar la posición de Tánger como destino multicultural y estratégico a nivel global, integrando su identidad histórica con su potencial moderno, a través de una narrativa coherente que conecte emocionalmente con visitantes locales e internacionales.

Ejes estratégicos del plan

A. *Storytelling como columna vertebral*: el *storytelling* debe consolidarse como el corazón de la comunicación. Para ello, se desarrollará una narrativa unificada que girará en torno a:

- **Tánger, la puerta entre dos mundos:** un destino que conecta culturas, continentes y océanos.

- **Historias de inspiración:** realzar su legado artístico y literario, destacando a figuras clave como Paul Bowles y Henri Matisse, así como las experiencias de sus habitantes actuales.

- **Tradición y modernidad:** mostrar cómo Tánger equilibra su herencia histórica con su creciente desarrollo urbano.

B. Comunicación digital avanzada: aprovecharemos las herramientas de IA y de la tecnología para construir una presencia digital sólida y personalizada:

- **IA para personalización de campañas:** utilizar sistemas de IA para segmentar audiencias y crear mensajes específicos para distintos mercados, adaptando el contenido a idiomas, intereses y comportamientos. Por ejemplo, dirigirse al turismo europeo con campañas en Instagram centradas en la medina y al turismo internacional destacando experiencias culturales inmersivas.

- ***Big data* para análisis de tendencias:** monitorizar en tiempo real las preferencias de los visitantes y ajustar las estrategias de comunicación de forma ágil.

C. Experiencias inmersivas: implementar tecnologías de RA y RV para enriquecer la experiencia del visitante:

- **Rutas virtuales en la medina:** ofrecer recorridos virtuales previos al viaje que permitan explorar los bazares, así como el cabo Espartel o las Cuevas de Hércules desde casa, aumentando el interés por visitar el destino.

239

- **RA *in situ*:** instalar puntos interactivos en los principales atractivos para que los turistas puedan conocer historias ocultas o recreaciones históricas mediante RA desde sus teléfonos.

D. Optimización de redes sociales: fortalecer la presencia de la ciudad en las redes sociales con una estrategia coherente:

- **Campañas en Instagram y TikTok:** aprovechar el poder visual de estas plataformas para mostrar la belleza de la ciudad, incluyendo vídeos cortos sobre la vida local, la gastronomía y los paisajes.

- **Colaboraciones con *influencers*:** invitar a creadores de contenido especializados en viajes y cultura para que promuevan la ciudad a través de su experiencia personal.

- **UGC (contenido generado por el usuario):** fomentar que los visitantes compartan sus experiencias utilizando *hashtags* oficiales como #DiscoverTangier, #DescubriendoTanger o #TangierMoments.

E. Integración con el sector local: la comunicación no puede ser efectiva si no se involucra a la comunidad local. Por ello:

- **Formación para emprendedores:** ofrecer talleres para que negocios locales aprendan a contar su historia y aprovechen las plataformas digitales.

- **Colaboración con artistas locales:** incorporar el arte y la cultura contemporánea en las campañas para destacar el carácter vivo y creativo de Tánger.

3. Implementación táctica

Fase 1. Análisis y preparación (3 meses)

- Auditoría de las redes sociales, plataformas digitales y narrativas actuales de Tánger.

- Implementación de herramientas de análisis basadas en *big data*.

- Creación de un equipo de comunicación local con expertos en *storytelling*, marketing y tecnología.

Fase 2. Lanzamiento de campañas iniciales (6 meses)

- Activación de campañas digitales segmentadas utilizando IA.

- Publicación de contenido visual y narrativo en plataformas como Instagram, Facebook, TikTok y YouTube.

- Introducción de recorridos virtuales y RA en puntos clave del destino.

Fase 3. Expansión y optimización (12 meses)

- Evaluación de los resultados iniciales y ajuste de las estrategias a partir de los datos recopilados.

- Ampliación de las campañas a nuevos mercados internacionales.

- Incorporación de experiencias interactivas en atracciones menos conocidas para diversificar la oferta.

241

4. Justificación del impacto

- **Mejoras en la comunicación:** una narrativa coherente, amplificada por IA y tecnología inmersiva, aumentará la visibilidad global de Tánger y atraerá a nuevos segmentos turísticos.

- **Incremento del valor de las otras variables**

  - **Marca:** se fortalecerá gracias a un *storytelling* claro y emocional.

  - **Atracciones:** la integración de tecnologías como la RA conectará los puntos de interés, y esto generará un impacto más profundo en los visitantes.

  - **Servicios:** el sector local se beneficiará de un mayor flujo de visitantes y una mejor conexión digital.

- **Infraestructuras:** la mayor afluencia de turistas incentivará nuevas inversiones públicas y privadas.

- **Resultados estimados y proyectados:**

  - Incremento del 20-25 % en visitantes internacionales en el primer año.

  - Aumento del gasto promedio por visitante en un 15 %.

  - Crecimiento del 30 % en la ocupación hotelera.

El plan estratégico de comunicación 360 no solo posicionará a Tánger como un referente turístico global, sino que también será el catalizador para equilibrar y potenciar sus cinco variables clave. A través de una narrativa emocional apoyada en tecnología avanzada y una integración con el sector local, esta ciudad podría transformarse en un destino inolvidable que combinaría tradición y modernidad.

Vamos a ver los resultados esperados.

1.3.3. Transformando Tánger con una estrategia integral

Tánger, una ciudad en la encrucijada de continentes y culturas, siempre ha sido un lugar cargado de historias y posibilidades. Sin embargo, como muchos destinos con un enorme potencial, se ha enfrentado a retos que han limitado su desarrollo como referente turístico global. A través de la implementación de un **plan estratégico de comunicación 360**, basado en la **estrategia del pentágono**, la IA y las tecnologías inmersivas, se puede demostrar que es posible transformar la percepción de un destino, equilibrar sus variables clave y maximizar su impacto con una inversión inteligente y focalizada.

Este modelo no solo analiza las fortalezas y debilidades existentes, sino que actúa como catalizador para integrar todos los elementos que hacen único a un destino: su marca, sus atracciones, sus servicios, sus infraestructuras y su comunicación. En el caso de Tánger, la narrativa histórica y cultural ha sido el pilar central, amplificado por una comunicación renovada y herramientas digitales que han permitido conectarse emocionalmente con audiencias locales e internacionales.

En las páginas que siguen se presenta de forma teórica cómo este plan ha llevado a una mejora significativa en todas las variables del pentágono, con resultados que ilustran el poder de una estrategia integral bien diseñada. Este es el ejemplo de cómo, con creatividad, tecnología y propósito un destino puede pasar de ser un lugar prometedor a convertirse en un referente turístico global.

Análisis de la mejora en las variables

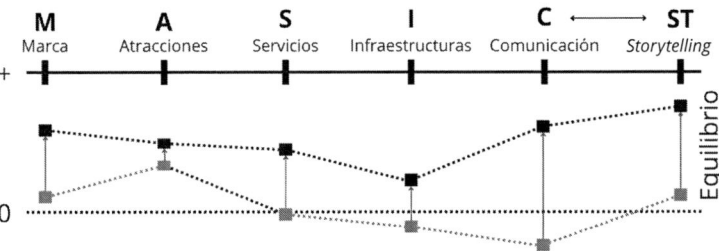

243

Marca

La narrativa unificada y el *storytelling* coherente han fortalecido significativamente la marca de Tánger. La percepción de la ciudad como puente entre dos continentes y como destino cultural y moderno ha sido amplificada mediante campañas específicas y contenido generado por los usuarios (UGC). Este enfoque ha permitido que Tánger gane reconocimiento en los mercados internacionales y se posicione como un destino multicultural auténtico y atractivo.

Impacto clave: incremento del reconocimiento de la marca en plataformas como TripAdvisor y Google Maps, con un aumento en reseñas positivas y consultas en línea.

Atracciones

La integración de las atracciones mediante narrativas temáticas y tecnología inmersiva (RA y RV) ha mejorado significativamente la experiencia del visitante. Además, las campañas digitales han destacado atracciones menos conocidas, diversificando la percepción del destino y distribuyendo mejor el flujo de turistas.

Impacto clave: mayor tiempo de permanencia de los turistas, con un aumento estimado del 20 % en la participación en atracciones periféricas, como por ejemplo el cabo Espartel.

Servicios

El sector local ha mejorado gracias a los talleres de formación en marketing digital y *storytelling*. Esto ha permitido que negocios locales, como restaurantes y alojamientos, adapten su oferta a las expectativas del turismo internacional, con un enfoque en experiencias personalizadas.

Impacto clave: incremento del gasto promedio por visitante en un 15 %, gracias a experiencias de mayor valor agregado.

Infraestructuras

Si bien la infraestructura física no ha cambiado significativamente, las mejoras en señalización, accesibilidad y movilidad interna han reducido los puntos de fricción para los visitantes. Estas mejoras, impulsadas por datos recolectados mediante *big data*, han optimizado la experiencia de exploración de la ciudad.

Impacto clave: reducción de las quejas relacionadas con la movilidad en un 30 % y mayor uso de zonas periféricas para actividades turísticas.

Comunicación

El impacto más significativo se encuentra en la comunicación. Las herramientas de IA han permitido personalizar las campañas y optimizar los mensajes para diferentes audiencias, mientras que las redes sociales han consolidado la presencia digital de Tánger. El uso de *storytelling* ha conectado emocionalmente con los visitantes, destacando la ciudad como un destino vibrante y multicultural.

Impacto clave: incremento del tráfico web en un 40 % en los portales turísticos de Tánger y un aumento del 25 % en visitantes internacionales en el primer año.

Narración de historias o *storytelling*

El *storytelling* ha sido el motor que ha conectado las variables, reforzando la marca y elevando la comunicación. Las campañas han destacado historias auténticas y locales, conectando a los visitantes con la identidad única de Tánger. Este enfoque no solo ha mejorado la percepción del destino, sino que ha generado un sentimiento de pertenencia en la comunidad local, que ahora se siente más involucrada en el desarrollo turístico.

Impacto clave: aumento de la lealtad de los visitantes, reflejado en un 20 % más de repetición de visitas y un incremento en la interacción en las redes sociales.

245

Percepción global y resultados teóricos

El gráfico muestra que todas las variables han experimentado mejoras significativas, lo que refleja un equilibrio mucho más sólido en el modelo de la estrategia del pentágono. La percepción global de Tánger como destino turístico ha evolucionado hacia una imagen de modernidad, autenticidad y conexión cultural, lo que genera impactos concretos:

Indicador	Resultado Proyectado	Justificación
Visitantes internacionales	Incremento del 25% en el segundo año.	Basado en la experiencia de destinos comparables que implementaron estrategias de promoción digital y cultural efectivas.
Tiempo de estancia	Aumento promedio de 2 a 3 días por visitante.	Mejora en servicios y atracciones integradas, creando experiencias más completas que invitan a estancias prolongadas.
Gasto promedio	Crecimiento del 15%, impulsado por servicios personalizados y experiencias únicas.	Reflejo del impacto positivo de una oferta diversificada y alineada con las expectativas de los visitantes.
Satisfacción del visitante	Mejora en valoraciones digitales de 3.8 a 4.5 estrellas.	Incremento derivado de una comunicación estratégica que resalta experiencias auténticas y mejora la percepción global.

Justificación de las cifras

1. **Visitantes internacionales**: el incremento del 25 % está basado en datos comparativos de otros destinos que, tras implementar estrategias de comunicación digital enfocadas en *storytelling* y redes sociales, lograron atraer significativamente más turistas internacionales. Por ejemplo, hay ciudades con programas similares en la región del Mediterráneo.

2. **Tiempo de estancia**: pasar de 2 a 3 días promedio refleja el efecto de una integración efectiva de las atracciones y una comunicación que promueve actividades que ocupan más tiempo, como visitas guiadas, eventos culturales y experiencias inmersivas.

3. **Gasto promedio**: un aumento del 15 % es consistente con estudios del sector turístico, que muestran cómo la personalización y las experiencias de mayor valor percibido aumentan el gasto por visitante.

4. **Satisfacción del visitante**: la mejora en las valoraciones digitales, de 3,8 a 4,5 estrellas se atribuye a la implementación de estrategias que optimizan la experiencia del visitante, tanto en la comunicación previa como durante su estancia.

Conclusión

Este plan estratégico, aunque no se ha implementado de forma real, presenta una visión clara y fundamentada de cómo una inversión focalizada en comunicación, apoyada en la tecnología y la IA, podría transformar la percepción de un destino como Tánger. Los resultados estimativos aquí reflejados, basados en análisis teóricos, estudios comparativos y referencias del sector, demuestran el enorme potencial de aplicar un enfoque integral como la estrategia del pentágono.

Tánger se convierte en un ejemplo ilustrativo de cómo una metodología bien diseñada puede equilibrar las variables clave de un destino, maximizando su impacto con una inversión relativamente baja. Este ejercicio muestra el poder transformador de una estrategia coherente y sostenible, e invita al lector a imaginar cómo estos principios podrían adaptarse y aplicarse en otros destinos.

Aunque este análisis se limita a predicciones, refuerza la idea de que la estrategia del pentágono no es solo un modelo teórico, sino una herramienta práctica y replicable para transformar destinos y posicionarlos como referentes en un mercado global en constante evolución.

▶ APÉNDICES

Apéndice 1

La IA como pilar de innovación en comunicación estratégica

IA en el turismo: personalización de mensajes según perfiles de los turistas

En el turismo actual, ofrecer experiencias personalizadas ya no es un extra exclusivo, sino una necesidad básica para satisfacer las expectativas de los viajeros. Los turistas de hoy buscan experiencias hechas a medida que respondan a sus intereses, necesidades y estilos de vida. Aquí es donde la IA revoluciona la comunicación estratégica, pues permite adaptar mensajes y propuestas a cada perfil de turista con una precisión sin precedentes.

La personalización de los mensajes según los perfiles de los turistas es una herramienta tecnológica y un vehículo que impulsa el equilibrio entre las variables de la estrategia del pentágono. Al colocar al turista en el centro de las decisiones, la IA refuerza cada uno de los vértices del modelo y con ello logra una experiencia que satisface e incluso supera las expectativas.

Esta personalización no es solo saber qué ofrecer, sino también cómo y cuándo comunicarlo. La IA analiza datos en tiempo real para crear mensajes relevantes y adaptados al perfil único de cada visitante. Esto mejora la experiencia del turista y aumenta la efectividad de las estrategias de marketing.

Beneficios de la personalización con IA

1. **Eficiencia:** las campañas de marketing se dirigen a públicos específicos, lo cual maximiza el retorno de la inversión.

2. **Conexión emocional:** los mensajes relevantes generan un vínculo más fuerte con el destino.

3. **Sostenibilidad:** la IA puede dirigir a los turistas hacia áreas menos concurridas y reducir el impacto ambiental en zonas saturadas.

¿Cómo funciona la IA en la personalización?

La IA utiliza grandes volúmenes de datos (*big data*) combinados con algoritmos avanzados para:

1. **Segmentar audiencias:** identificar grupos específicos de turistas basados en su comportamiento, intereses y preferencias.

2. **Anticipar necesidades:** analiza patrones para predecir qué tipo de experiencia o servicio busca un turista incluso antes de que lo solicite.

3. **Optimizar contenido:** ajusta los mensajes en tiempo real para garantizar que sean relevantes y atractivos.

Integración natural de la IA con la estrategia del pentágono

Marca

La personalización basada en IA refuerza la identidad de la marca turística, al adaptar su comunicación a las emociones y preferencias del visitante.

Ejemplo real: en Canarias, la promoción de la marca insular como destino diverso se potencia con IA. Así, un turista interesado en deportes acuáticos podría recibir contenido personalizado que conecte su pasión con la imagen vibrante y activa de las islas.

Atracciones

La IA permite destacar las atracciones más relevantes para cada perfil, creando un vínculo emocional y mejorando la percepción del destino.

Ejemplo real: en Lanzarote, los amantes de la naturaleza reciben sugerencias para explorar el Parque Nacional de Timanfaya, mientras que los interesados en el arte descubren la influencia de César Manrique. Todo esto adaptado según búsquedas y patrones de comportamiento.

Servicios

Desde la reserva de un alojamiento hasta la oferta de actividades, la IA está revolucionando la prestación de servicios turísticos al predecir y satisfacer las necesidades de los visitantes en tiempo real.

Ejemplo real: Disney ha implementado asistentes virtuales basados en IA para proporcionar recomendaciones personalizadas a los visitantes. Estos asistentes analizan las preferencias y el historial de visitas de cada persona, sugiriendo atracciones, espectáculos y restaurantes que se ajusten a sus intereses, lo que contribuye a una experiencia más fluida y satisfactoria.

Infraestructuras

Las infraestructuras inteligentes se complementan con la IA para gestionar flujos turísticos, reducir saturaciones y mejorar la sostenibilidad.

Ejemplo real: el proyecto *Smart Island* en Gran Canaria emplea *big data* y algoritmos de IA para mejorar la experiencia turística y optimizar la gestión de recursos. Este sistema incrementa la usabilidad y accesibilidad de los servicios e infraestructuras, promoviendo una oferta turística más sostenible y respetuosa con el entorno natural de la isla.

253

Comunicación

La IA potencia la variable de comunicación al analizar preferencias y comportamientos, lo que permite no solo adaptar mensajes, sino también crear narrativas personalizadas que conectan emocionalmente con los viajeros.

Ejemplo real: en el sector turístico, hay herramientas, como el asistente virtual Cicerone, desarrollado por iUrban, que utilizan IA para analizar las preferencias de los turistas y ofrecerles recomendaciones personalizadas. Por ejemplo, un viajero interesado en la gastronomía puede recibir sugerencias sobre mercados locales o experiencias culinarias exclusivas que se alineen con sus intereses, lo que crea una conexión más profunda entre el destino y el visitante. Esta estrategia refuerza la relación con la marca del destino y mejora significativamente la experiencia del usuario.

El ciclo perfecto: personalización dinámica para el turismo del futuro

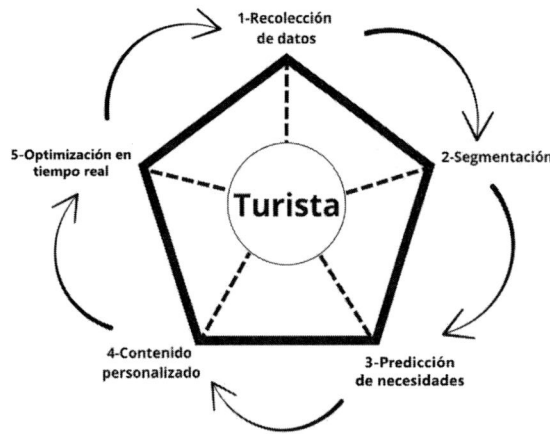

La figura representa el corazón operativo de la personalización mediante IA en el turismo, articulado a través de las cinco fases principales del proceso y reforzado por un ciclo de retroalimentación constante. Este esquema utiliza un pentágono como estructura central, con el turista en su núcleo, y enfatiza que cada acción y estrategia gira en torno a sus necesidades, expectativas y experiencias.

El pentágono simboliza las cinco fases clave del proceso, cada una ocupa un vértice. Estas etapas no son aisladas, sino que van interconectadas, formando un sistema donde cada elemento se alimenta y depende del otro. Su orden refleja el flujo lógico de la personalización:

1. **Recolección de datos:** consiste en recolectar información clave sobre el turista, como sus preferencias, comportamiento, interacciones previas y contexto actual. Los datos pueden provenir de múltiples fuentes, como reservas *online,* redes sociales, dispositivos móviles o encuestas.

2. **Segmentación:** una vez que los datos son procesados, el sistema agrupa a los turistas en segmentos según sus características comunes (edad, intereses, hábitos de consumo, entre otros). Esto permite crear perfiles definidos y optimizar la comunicación con cada uno.

3. **Predicción de necesidades:** aquí la IA analiza patrones de comportamiento y datos históricos para anticipar lo que cada turista podría necesitar o desear. Es la fase en la que el destino deja de reaccionar y comienza a adelantarse a las expectativas.

4. **Contenido personalizado:** con la información previa, el sistema genera mensajes, ofertas y recomendaciones adaptadas a cada perfil de turista. Esto incluye desde sugerencias de actividades locales hasta promociones específicas.

5. **Optimización en tiempo real:** durante la interacción del turista con el destino, la IA ajusta las recomendaciones y mensajes en función de nuevas acciones o cambios en las condiciones, lo cual garantiza que la experiencia sea siempre relevante y fluida.

255

Lo que hace único a este modelo es el flujo continuo que lo envuelve, simbolizado por las flechas que conectan la última fase (optimización en tiempo real) con la primera (recolección de datos). Este ciclo infinito garantiza que cada interacción aporte datos valiosos, que, a su vez, enriquecerán el sistema, perfeccionándolo constantemente. Es la retroalimentación lo que transforma este proceso en un sistema vivo, dinámico y en constante evolución.

Este ciclo no solo mejora la experiencia del turista, sino que también ayuda al destino a adaptarse rápidamente a tendencias, comportamientos y demandas cambiantes. Es la esencia de la mejora continua: lo hoy aprendido se convierte en la base para decisiones más inteligentes mañana.

En el centro del pentágono está el turista, representando el objetivo último de todo el proceso. Cada fase y cada acción están diseñadas para mejorar su experiencia, desde el momento en que considera un destino hasta el instante en que lo abandona, lleno de recuerdos y emociones.

El turista no es un elemento pasivo, es el eje alrededor del cual gira todo el sistema. Al colocar al visitante en el centro, se enfatiza que la personalización no es un fin en sí mismo, sino un medio para crear conexiones más profundas y significativas entre el destino y su público.

Este esquema visual refuerza una idea clave: la personalización no es estática, sino un proceso dinámico y en constante refinamiento. Cada etapa del pentágono contribuye al equilibrio de la estrategia, mientras que el flujo de retroalimentación asegura que el sistema sea adaptable y sostenible.

Este modelo no solo explica cómo funciona la personalización basada en IA, sino que también resalta su impacto práctico: convertir datos en experiencias únicas y relevantes. Esto nos ayuda a comprender que la combinación de tecnología y estrategia no sustituye a la esencia humana del turismo, sino que la amplifica, permitiendo que los destinos se conecten con los turistas a un nivel emocional más profundo.

En resumen, la figura muestra que cada pieza encaja en un sistema integrado que pone al turista en el centro, mientras el destino evoluciona con cada interacción. Es la representación visual de un turismo moderno, eficiente y profundamente humano.

La personalización basada en IA mejora la experiencia del turista y también permite a los destinos posicionarse como líderes en innovación turística. Al conectarse con los intereses específicos de cada viajero, la IA transforma la comunicación estratégica en una herramienta dinámica y profundamente efectiva, capaz de crear experiencias inolvidables.

Optimización de campañas: uso de algoritmos para identificar tendencias y diseñar estrategias en tiempo real

Imagina que estás disfrutando de una tarde tranquila en la playa de Alicante. Mientras contemplas el horizonte, recibes una notificación en tu móvil que te invita a un evento cultural en un pueblo cercano, justo en línea con tu pasión por la música tradicional. Esta coincidencia no es casualidad, es el resultado de algoritmos inteligentes que trabajan en segundo plano para analizar tus intereses y ofrecerte una experiencia personalizada.

La optimización en tiempo real es mucho más que tecnología avanzada, es una forma de conectar profundamente a los turistas con los destinos. Es aquí donde la estrategia del pentágono encuentra su lugar, integrando todas las variables (Marca, Atracciones, Servicios, Infraestructuras y Comunicación) en un sistema dinámico que utiliza los datos para equilibrar y potenciar cada aspecto del destino.

Análisis predictivo: cómo anticipar comportamientos turísticos con herramientas basadas en IA

El análisis predictivo es una herramienta que permite anticipar comportamientos turísticos mediante el uso de IA. Al analizar grandes volúmenes de datos, como reservas, búsquedas en línea y condiciones meteorológicas, los algoritmos de IA identifican patrones y tendencias que ayudan a prever la demanda y ajustar las estrategias en tiempo real.

¿Cómo funciona?

1. **Recolección de datos:** se recopila información de diversas fuentes, incluyendo reservas previas, búsquedas en internet, interacciones en redes sociales y datos meteorológicos.

2. **Procesamiento y análisis:** los algoritmos de IA procesan estos datos para identificar patrones y correlaciones, como el aumento de reservas en función de ciertas condiciones climáticas.

3. **Predicción y ajuste:** a partir de los patrones detectados, se realizan predicciones sobre el comportamiento turístico futuro, lo que permite a las empresas ajustar sus estrategias de marketing y operaciones para satisfacer la demanda por anticipado.

Ejemplos reales

- **Benidorm:** utiliza IA para analizar cómo las condiciones meteorológicas en los países de origen afectan a las reservas. Se ha observado que las reservas aumentan cuando hay mal tiempo en estos países, lo que permite ajustar las campañas de promoción en consecuencia.

- **Andorra:** el Gobierno está desarrollando una plataforma con IA para predecir los comportamientos turísticos, anticipar flujos de visitantes y ajustar la oferta según las necesidades y preferencias de los turistas, de modo que se mejore la gestión del territorio.

En resumen, el análisis predictivo basado en IA permite a los destinos turísticos anticiparse a las necesidades de los visitantes, optimizar los recursos y mejorar la experiencia turística de manera proactiva.

Apéndice 2

Innovación, sostenibilidad y conexión

Explorando el futuro del turismo

El turismo, una de las industrias más dinámicas del mundo, se encuentra en constante transformación. En el corazón de esta evolución está la necesidad de reinventarse para conectarse con un viajero que busca algo más que paisajes: busca experiencias significativas, auténticas y sostenibles. La estrategia del pentágono, con su enfoque integral, es la brújula que permite a los destinos prepararse para el futuro, integrando innovación y equilibrio en cada decisión.

259

Tendencias emergentes: metaverso y turismo regenerativo

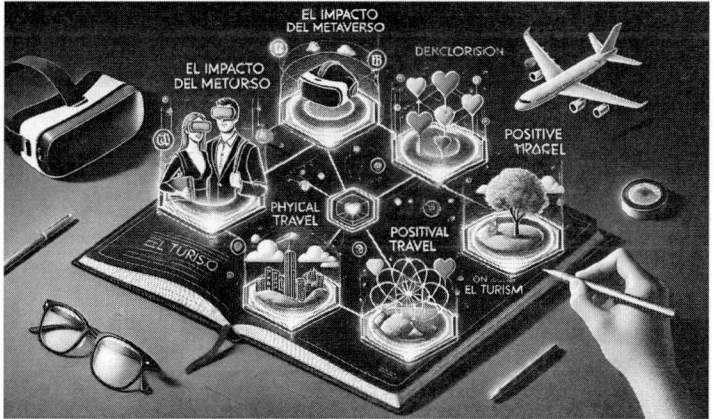

Imagen creada por IA

Imagine un futuro donde los turistas no solo planifican sus viajes, sino que los exploran virtualmente antes de tomar una decisión. El metaverso, una realidad digital inmersiva, promete transformar cómo interactuamos con los destinos. A través VR y AR, los viajeros podrán caminar por las calles de un pequeño pueblo en los Pirineos o experimentar la tranquilidad de una playa en el Caribe sin salir de casa. Esto no solo cambiará la forma en que promocionamos los destinos, sino también cómo se conectan emocionalmente con los viajeros.

Actualmente, iniciativas como «Benidorm Land» permiten a los usuarios recorrer virtualmente sus calles y enclaves turísticos, lo que facilita la planificación y la decisión de viajar. Esta iniciativa permite a los futuros turistas explorar virtualmente Benidorm, interactuando con objetos digitales y avatares propios, ofreciendo una experiencia inmersiva que complementa la planificación de futuros viajes.

Según una encuesta realizada en FITUR, el 37 % de los profesionales del sector considera que el metaverso enriquecerá la experiencia turística y un 26 % lo ve como una herramienta clave para el marketing y la promoción. Esto resalta cómo las experiencias virtuales influyen significativamente en las decisiones de los viajeros.

Además, la interacción previa en el metaverso puede intensificar la conexión emocional durante el viaje físico. Algunas tecnologías, como la RA, enriquecen la experiencia *in situ*, proporcionando información adicional y personalizada, lo que permite a los turistas llegar con expectativas claras y una mayor predisposición a disfrutar de su viaje. Al mismo tiempo, el turismo virtual ofrece una alternativa sostenible, lo que reduce la necesidad de desplazamientos físicos y disminuye la huella de carbono. Por ejemplo, las experiencias virtuales en destinos naturales o históricos contribuyen a preservar estos lugares, al limitar el flujo de visitantes.

Sin embargo, el metaverso no reemplazará la experiencia física, solo será un complemento. Aquí es donde el turismo regenerativo toma el protagonismo. Más allá de minimizar el impacto negativo, este enfoque busca que los turistas contribuyan a revitalizar y enriquecer los destinos que visitan. Desde participar en la reforestación de parques naturales hasta apoyar comunidades locales, el turismo del futuro estará más conectado con la sostenibilidad.

Este equilibrio entre innovación tecnológica y regeneración plantea un turismo que evoluciona, y que también inspira y conecta profundamente con el viajero moderno, al tiempo que protege y mejora los destinos para las generaciones futuras.

261

El impacto del cambio climático: redefiniendo el turismo

El cambio climático ya no es una amenaza distante, sino una realidad que está transformando la manera en que entendemos y gestionamos el turismo. Las playas se erosionan, los glaciares desaparecen... Los fenómenos climáticos extremos afectan tanto a las comunidades locales como a los viajeros. Sin embargo, en medio de estas dificultades, surgen oportunidades para rediseñar los destinos desde una perspectiva sostenible y regenerativa.

Imaginemos el caso de un pequeño pueblo costero que está perdiendo sus playas debido al aumento del nivel del mar. En lugar de resignarse, sus habitantes deciden invertir en energía renovable, proteger sus humedales y crear experiencias que eduquen a los visitantes sobre la importancia de preservar el medio ambiente. Este enfoque asegura la supervivencia del destino y a la vez lo convierte en un ejemplo de resiliencia y esperanza.

El cambio climático nos obliga a repensar la manera en que gestionamos nuestras atracciones, infraestructuras y recursos. Los destinos que adopten una postura activa y creativa podrán no solo adaptarse, sino también liderar un futuro sostenible.

Las nuevas generaciones: viajeros con conciencia

Los *millennials* y la generación Z, además de viajar por ocio, buscan conexiones significativas y experiencias que enriquezcan sus vidas. Estos viajeros desean caminar por mercados locales, escuchar historias de los habitantes y contribuir de alguna manera a las comunidades que visitan.

Pensemos en un joven viajero que elige un destino no por sus playas o monumentos, sino porque allí puede aprender sobre técnicas de cultivo sostenible junto a agricultores locales. Estas experiencias trascienden el turismo tradicional y generan recuerdos imborrables, a la vez que apoyan las economías locales.

Estas generaciones también exigen ética y transparencia. Quieren saber que su dinero está siendo utilizado para preservar culturas, mejorar infraestructuras y proteger el medio ambiente. Para conectar con ellos, los destinos deben contar historias genuinas, ser sostenibles y ofrecer experiencias auténticas que resuenen con sus valores.

La tecnología al servicio de los destinos

Nuestro móvil nos puede llevar a las atracciones menos saturadas de una ciudad, mostrar eventos culturales que se adaptan a nuestros intereses y ofrecer recomendaciones personalizadas basadas en nuestras propias preferencias. Este es el poder de los destinos inteligentes, utilizar la tecnología para enriquecer la experiencia del visitante y optimizar la gestión del destino.

La tecnología no solo mejora la experiencia del turista, sino que también permite a los destinos ser más sostenibles. Sensores que monitorean el impacto ambiental, herramientas de *big data* que predicen patrones de demanda y RA que transforma visitas tradicionales en experiencias inmersivas son solo algunas de las innovaciones que están redefiniendo el turismo.

Sin embargo, la tecnología debe ser una herramienta, no un fin en sí misma. En el corazón de cada experiencia turística está la conexión humana, y es responsabilidad de los destinos asegurarse de que la tecnología potencie esa conexión en lugar de reemplazarla.

El poder de las historias: conectar corazones

Las historias tienen el poder de dar vida a un destino. Una leyenda sobre un volcán, un relato sobre cómo un pueblo sobrevivió a una crisis o la narración de un artesano sobre su oficio pueden transformar un simple viaje en una experiencia transformadora.

Podríamos caminar por un casco antiguo y, a través de una aplicación de RA, escuchar las voces de quienes vivieron allí siglos atrás. El *storytelling* del futuro se apoya en la tecnología, pero sigue dependiendo de historias genuinas que conecten emocionalmente con los visitantes.

263

El Parque Nacional del Teide, por ejemplo, ha aprovechado la tecnología para llevar a los visitantes a un viaje por las estrellas, combinando ciencia y narrativa para crear una experiencia inolvidable. Este enfoque no solo educa, sino que también genera una conexión profunda con el lugar.

Conclusión: hacia un turismo equilibrado, innovador y humano

En un mundo en constante evolución, donde tecnología, sostenibilidad y humanidad convergen, el turismo tiene la oportunidad de redefinirse como una fuerza transformadora. Estas reflexiones invitan a imaginar un futuro más equilibrado e innovador y a actuar con un enfoque decidido y significativo.

El turismo del futuro se trata de cifras ni de tecnificación, pero también de la capacidad de los destinos para conectar con las personas y preservar lo que los hace únicos. Integrar las tendencias emergentes con un enfoque humano y sostenible no es una opción, sino una necesidad.

La estrategia del pentágono se presenta como una herramienta clave para guiar este cambio, pues proporciona un marco que equilibra innovación, sostenibilidad y valores humanos. Los destinos que adopten esta filosofía estarán preparados para afrontar los desafíos y para liderar un futuro transformador.

El momento de actuar es ahora. Cada acción, por pequeña que parezca, puede generar un impacto significativo en el camino hacia un turismo más justo, equilibrado y emocionante. Como gestores, viajeros y comunidades, está en nuestras manos construir un futuro donde el turismo sea una fuerza de cambio positivo para todos.

264

Bibliografía

La bibliografía presentada a continuación incluye obras, informes y artículos que han sido consultados y utilizados como referencia para el desarrollo conceptual de este libro. Estas fuentes no solo respaldan los argumentos expuestos, sino que también ofrecen al lector la oportunidad de profundizar en aspectos específicos del marketing turístico, la sostenibilidad, la tecnología aplicada y la comunicación estratégica.

Marketing turístico y estrategias de desarrollo

- **Blanco Herranz, F. J. (2021).** *Antes de pulsar el botón de reinicio: Retos de la reconstrucción del turismo global tras la covid-19.* Publicación independiente.
  Reflexiona sobre los desafíos del turismo global en el contexto pospandemia, relevante para la reestructuración estratégica de destinos.

- **Escobar, A. y González, Y. (2016).** Marketing *turístico.* Editorial Pirámide.
  Este libro ofrece herramientas para comprender el entorno turístico y gestionar eficazmente las relaciones empresariales, enfocándose en las nuevas tecnologías aplicadas a la oferta y la demanda.

- **Mármol Sinclair, P. y Ojeda García, C. D. (2022).** Marketing *turístico* (3.ª ed.). Paraninfo.
  Obra que actualiza y amplía contenidos relacionados con el marketing turístico, adaptados a las tendencias actuales y enriquecidos con casos prácticos.

- **Sánchez Martínez, M. Á. (2018).** *Manual de* marketing *turístico.* Editorial Síntesis.

Guía práctica que aborda conceptos clave del marketing turístico, integrando las nuevas tecnologías y su impacto en el sector.

- **Kotler, P., Bowen, J. y Makens, J. (2003).** Marketing *turístico*. Pearson Educación.
  Traducción al español de una referencia fundamental en marketing aplicado al turismo y la hospitalidad.

- **Morgan, N., Pritchard, A. y Pride, R. (2004).** *Destination Branding: Creating the Unique Destination Proposition.* Butterworth-Heinemann.
  Explora el papel del *branding* en la creación de destinos únicos y diferenciados.

Sostenibilidad y turismo responsable

- **Organización Mundial del Turismo (OMT)** (2018). *Tourism for Development.* UNWTO.
  Analiza cómo el turismo puede ser una herramienta clave para el desarrollo sostenible. Disponible en: www.unwto.org.

- **Goodwin, H.** (2011). *Taking Responsibility for Tourism.* Goodfellow Publishers.
  Aborda la responsabilidad social del turismo, un tema esencial en la estrategia del pentágono.

- **Gössling, S., Hall, C. M. y Weaver, D.** (2009). *Sustainable Tourism Futures: Perspectives on Systems, Restructuring and Innovations.* Routledge.
  Examina el papel de la sostenibilidad en la innovación y el desarrollo de destinos turísticos.

- **Bramwell, B. y Lane, B.** (2008). *Sustainable Tourism: A Global Perspective.* Routledge.
  Explora enfoques globales sobre turismo sostenible y sus retos.

Comunicación estratégica y *storytelling*

- **Lamarre, G.** (2019). *Storytelling como estrategia de comunicación: Herramientas narrativas para comunicadores, creativos y emprendedores.* Gustavo Gili. Editorial GG

Este libro desgrana el arte del *storytelling* como técnica de comunicación. Lo aborda en todas sus dimensiones para transmitir eficazmente mensajes en forma de narración.

- **Ejarque, J.** (2016). Marketing *y gestión de destinos turísticos*. Pirámide.
  Google Libros
  Refleja lo que se debe hacer y cómo hacerlo en la gestión y el marketing de los destinos turísticos, desde una óptica práctica y pragmática.

- **Núñez, A.** (2007). *¡Será mejor que lo cuentes! Los relatos como herramientas de comunicación*. Empresa Activa.
  Este libro destaca la importancia de utilizar relatos para mejorar la comunicación en el ámbito empresarial y turístico.

- **Sanagustín, E.** (2014). *Vender más con* marketing *digital. Tu estrategia online paso a paso*. Gestión 2000.
  Proporciona estrategias para mejorar la comunicación digital y el uso del *storytelling* en el marketing turístico.

- **Heath, C. y Heath, D.** (2007). *Made to Stick: Why Some Ideas Survive and Others Die*. Random House.
  Fundamenta la creación de mensajes que conectan emocionalmente con las audiencias, relevante para el *storytelling* en turismo.

- **Denning, S.** (2005). *The Leader's Guide to Storytelling: Mastering the Art and Discipline of Business Narrative*. Jossey-Bass.
  Relación directa con la necesidad de narrativas fuertes para destinos turísticos.

- **Solnet, D., Paulsen, N. y Cooper, C.** (2016). *Tourism Management Dynamics*. Routledge.
  Analiza cómo la comunicación y las dinámicas de gestión impactan en el turismo.

Tecnología aplicada al turismo

- **Bastidas Manzano, A. B. y Casado Aranda, L. A.** (2023). *Innovación aplicada en el sector turístico*. Pirámide. Editorial Pirámide

Este manual ofrece una visión completa de las tecnologías aplicadas al turismo, fundamentales para mejorar la experiencia turística y aumentar la competitividad en empresas y destinos turísticos.

- **Pablo Redondo, R.** (2004). *Las nuevas tecnologías aplicadas al turismo.* Editorial Universitaria Ramón Areces. casadellibro
Analiza cómo las nuevas tecnologías influyen en las empresas del sector turístico, lo que afecta a su estructura y competitividad. Estudia casos como el de la empresa Amadeus.

- **Calderón Bolaños, E.** (2023). *Innovación tecnológica en el turismo. Inteligencia artificial.* Autoedición. Amazon
Proporciona una perspectiva sobre cómo la IA está transformando la industria turística, mejorando la experiencia del viajero y la eficiencia de las empresas turísticas.

- **Grupo de Centros Tecnológicos de Turismo.** (2024). *El sector turístico ante el desafío de la IA.* Thinktur. Hosteltur
Este *e-book* profundiza en el impacto de la IA en turismo, destacando aspectos como la personalización de experiencias y la optimización de datos.

- **SEGITTUR.** (2018). *Libro blanco: destinos turísticos inteligentes.* SEGITTUR.
SEGITTUR
Recopila información sobre el proyecto de destinos turísticos inteligentes, incluyendo ejes de actuación y buenas prácticas para la implementación de tecnología en destinos turísticos.

Fuentes utilizadas

A continuación, se presenta una lista de las fuentes específicas utilizadas a lo largo del libro. Estas referencias respaldan los análisis y propuestas contenidas en la obra. Además, ofrecen al lector la posibilidad de explorar más a fondo los temas tratados.

Informes y estadísticas nacionales e internacionales

- Exceltur (2022). *Impacto económico del turismo en España.* Informe de Excelencia Turística.

- Datos clave sobre el impacto económico del turismo en España, útiles para contextualizar.

- Instituto Nacional de Estadística (INE). (2023). *Análisis del sector turístico en España.*

- Información relevante sobre tendencias y estadísticas del turismo nacional.

- Gobierno de Canarias (2023). *Plan Estratégico de Turismo Sostenible.*

- Ejemplo práctico de sostenibilidad y gestión estratégica aplicada en el contexto de Canarias.

- Organización Mundial del Turismo (OMT). (2023). *Global Tourism Trends Report.* UNWTO.

- Análisis de tendencias globales en turismo y su impacto en destinos emergentes.

Sitios web y fuentes digitales

- Gobierno de Canarias. (2023). *Datos de turismo sostenible en Canarias.* Recuperado de: https://www.gobiernodecanarias.org/turismo.

- TripAdvisor. (2023). *Análisis de destinos emergentes en Europa y África.* Recuperado de: https://www.tripadvisor.com.

- UNWTO. (2023). *Estadísticas globales de turismo.* Recuperado de: https://www.unwto.org.

Estudios de casos específicos

Tejeda (Gran Canaria):

- *Análisis del equilibrio entre sostenibilidad y autenticidad en pueblos rurales.*
Tejeda ha implementado el Plan de Sostenibilidad Turística en Destino, denominado «Equilibrio Natural», financiado por fondos Next

Generation del Plan de Recuperación, Transformación y Resiliencia. Este plan busca reforzar y transformar el municipio en un destino turístico sostenible, preservando su autenticidad y promoviendo la digitalización empresarial local.
Plan de Sostenibilidad Turística

Puerto del Rosario (Fuerteventura):

- *Propuestas de diversificación turística y mejora de servicios locales.*
El Ayuntamiento de Puerto del Rosario ha desarrollado estrategias para diversificar su oferta turística, incorporando turismo deportivo, gastronómico, cultural y patrimonial. Estas iniciativas buscan consolidar al municipio como un destino turístico inteligente, mejorando la calidad de los servicios para turistas y residentes.
Ayuntamiento de P. del Rosario

Tánger (Marruecos):

- *Integración de narrativas culturales y modernidad en destinos históricos.*
Tánger, situada en el norte de Marruecos, es reconocida por su rica historia y diversidad cultural, resultado de la mezcla de influencias árabes, europeas y africanas. La ciudad ha experimentado una revitalización que combina la preservación de su patrimonio histórico con desarrollos modernos, ofreciendo una experiencia única que integra tradición y modernidad.
Viajar a Marruecos

Preguntas frecuentes

Preguntas frecuentes (FAQ)

1. **¿Qué es la estrategia del pentágono?**

   Es un modelo integral para el desarrollo y la gestión turística que equilibra cinco variables clave: Marca, Atracciones, Servicios, Infraestructuras y Comunicación. Este enfoque permite identificar desequilibrios y desarrollar estrategias que maximicen el potencial de un destino.

2. **¿Es aplicable a cualquier tipo de destino?**

   Sí, la estrategia del pentágono es versátil y puede adaptarse a diferentes contextos, desde pequeños pueblos rurales hasta grandes ciudades. Su éxito depende de personalizar las estrategias según las necesidades específicas del destino.

3. **¿Qué hacer si una de las variables está muy desequilibrada?**

   Es importante priorizar el equilibrio. Es recomendable comenzar evaluando cuál de las variables tiene el mayor impacto en el destino y diseñar acciones específicas para fortalecerla. La comunicación, por ejemplo, suele ser una variable clave para conectar y potenciar el resto.

4. **¿Cuánto tiempo lleva implementar esta estrategia?**

   Depende de la situación inicial del destino y los recursos disponibles. En general, los cambios significativos suelen observarse en un plazo de 12 a 24 meses, pero algunas acciones, como mejorar la comunicación, pueden tener resultados más rápidos. Sin embargo, un plan estratégico integral, donde entran en juego diferentes inversiones, podría aplicarse a cinco, diez, quince e incluso veinte años vista.

5. **¿Qué herramientas tecnológicas son recomendables para aplicar el modelo?**

Herramientas de análisis de datos *(big data)*, IA para segmentación de mercados y personalización de campañas, y plataformas de RA o VA para enriquecer la experiencia del visitante.

6. **¿Cómo medir el impacto de la estrategia?**

Utilizar indicadores clave de rendimiento (KPI) relacionados con cada variable, como:

- Incremento en el número de visitantes (Marca y Atracciones).

- Satisfacción del cliente (Servicios).

- Uso y accesibilidad (Infraestructuras).

- Interacciones digitales y alcance de las campañas (Comunicación).

Consejos prácticos

1. **Realizar un diagnóstico inicial**

   Utilizar el gráfico del perímetro del pentágono para evaluar el estado actual de cada variable en tu destino y su relación entre las variables. Identificar las fortalezas, las debilidades y las áreas prioritarias de mejora.

2. **Involucrar a la comunidad local**

   La participación de los residentes es crucial para reforzar la autenticidad del destino. Trabajar con ellos en el diseño de narrativas y experiencias únicas que conecten con los visitantes.

3. **Priorizar las acciones de alto impacto**

   Si los recursos son limitados, hay que enfocarse en las variables que puedan generar cambios rápidos y visibles. Por ejemplo, la comunicación estratégica y el *storytelling* suelen ser de bajo costo, pero alto impacto.

4. **Integrar tecnología progresivamente**

   No se necesita adoptar todas las herramientas tecnológicas al mismo tiempo. Se ha de comenzar con soluciones que optimicen la experiencia del visitante, como sistemas de reservas en línea, mapas interactivos o campañas personalizadas en redes sociales.

5. **Diseñar una narrativa emocional**

   Asegurarse de que la comunicación del destino cuente una historia que conecte emocionalmente con el visitante. Resaltar los valores, tradiciones y elementos únicos que hacen que el destino sea inolvidable.

6. **Establecer indicadores claros**

   Definir KPI medibles para cada variable. Por **ejemplo:**

- **Marca:** reconocimiento en las redes sociales o menciones en los medios de comunicación.

- **Atracciones:** incremento en el tiempo de permanencia de los visitantes.

- **Servicios:** satisfacción del cliente en encuestas posvisita.

- **Infraestructuras:** mejora en la accesibilidad.

- **Comunicación:** alcance y conversión de campañas digitales.

7. **Evaluar y ajustar regularmente**

Revisar periódicamente los resultados y adaptar las estrategias según las nuevas necesidades o cambios en el mercado.

8. **Aprender de otros destinos**

Analizar casos de éxito similares para identificar prácticas que puedan replicarse. Por ejemplo, inspirarse en el modelo sostenible de El Hierro o el *storytelling* visual de Lanzarote.